Harcèlement scolaire :
de la destruction
à la reconstruction

Association Phobie Scolaire
&
Génér'action Solidaire

Harcèlement scolaire : de la destruction à la reconstruction

Illustrations : Morgane Carlier

EDITIONS
JOSETTE LYON

ISBN : 978-2-84319-425-2

Sommaire

Partie 1

Le **harcèlement** : mécanismes et prévention

Partie 2

Conséquences – stress post-traumatique

Partie 3

Retrouver l'estime de soi

Annexe

Introduction
Phobie scolaire et harcèlement

Noémya Grohan,
présidente de l'association Généract'ion Solidaire et
Luc Mathis,
vice-président de l'association Phobie Scolaire

Les enquêtes de l'UNICEF montrent que 10 % des élèves scolarisés sont victimes de harcèlement scolaire. Ces violences répétées ont un impact destructeur, sur le court terme et aussi sur le long terme. Des victimes de harcèlement se retrouvent envahies d'anxiété en effet retard. Plus le harcèlement dure dans le temps, plus les conséquences sont « lourdes », ancrées. Ces mécanismes sont maintenant caractérisés comme des stress post-traumatiques, initialement décrits pour les vétérans des guerres du Vietnam et du Golfe, et plus récemment pour les victimes d'attentats.

L'incapacité à se rendre à l'école offre une opportunité de comprendre les causes du mal-être des jeunes. Comportement symptôme, la « phobie scolaire » fait partie des troubles anxieux. Lorsque l'on cherche du côté des causes pour un jeune en particulier, il y a souvent une situation d'humiliation répétée qui se passe à l'école (comme lieu de vie). De nombreux jeunes souffrant de phobie scolaire ont été harcelés. Les jeunes et leurs parents se demandent ce qu'ils ont fait pour mériter cela : après le harcèlement, la phobie scolaire. Une malédiction se serait-elle posée sur eux ?

Les situations de phobie scolaire ont lieu fréquemment lorsque le harcèlement n'a plus lieu. Elles montrent un effet à long terme, une anxiété envahissant le jeune – dont la phobie scolaire est un révélateur. Un schéma logique prend forme, de création d'une bulle d'anxiété par le traumatisme créé par ces situations répétées d'humiliation.

Dans la chaîne d'événements qui conduit la victime à l'envahissement par son anxiété, les causes et les conséquences s'emmêlent d'une manière qui refuse la linéarité. L'anxiété était ainsi parfois préexistante, amplifiée, dévoilée et/ou créée. C'est bien ce qui rend le sujet complexe et multiforme.

L'enfance, l'adolescence, sont des périodes charnières de la vie. Il n'y a sans doute rien de pire que d'être « détruit » au cours d'une période durant laquelle on est censé se « construire ». L'estime de soi est atteinte, et peut entraîner alors de multiples autres conséquences : chute des résultats, dépression, phobies, mutilations, troubles psychosomatiques… Retrouver confiance en soi peut s'avérer alors un véritable « parcours du combattant ». Tous les enfants ne sont pas également susceptibles à être harcelés : il y a des fragilités, des enfants cibles, ce qui ramène parfois à des problématiques familiales ou de spécificité des jeunes, qu'il faut comprendre, décrypter.

Pour ce livre, nous avons fait appel à de nombreux auteurs (comment les remercier assez ?) et à notre propre expérience.

Nous avons inséré des témoignages décrivant les faits de harcèlements, les conséquences après le harcèlement et comment les personnes s'en sortent. Cela permet de naviguer en continu entre le vécu et les analyses.

Notre but principal est de transmettre un message d'espoir : le harcèlement laisse des traces, c'est un fait, mais des ressources existent pour s'en libérer, et permettre de retrouver cette confiance qui a tant manqué.

Parents, enseignants, thérapeutes, jeunes concernés (comme harceleur, harcelé ou témoin) : lisez attentivement ce qui suit, cela vous permettra de décrypter, d'anticiper le pendant et l'après du harcèlement scolaire. Dans ce voyage original au cœur du harcèlement, au plus près du ressenti des jeunes concernés, de nouvelles pistes de lecture émergent qui en modifient profondément le regard. Et proposent des pistes nouvelles.

Témoignage 1 – Vianney – 33 ans

Lors des faits, j'avais 10 ans. Cela a duré cinq ans, de 10 à 15 ans.

J'étais un enfant timide et trois personnes m'ont pris pour cible. J'ai appris à connaître les crises d'angoisse à mes 10 ans, suite aux coups et insultes que je subissais chaque jour à l'école : les angoisses qui empêchent de respirer puis plus tard, celles qui provoquent de violentes douleurs physiques au niveau du cœur.

J'ai tenté à 14 ans de me suicider trois fois. Cela a donné lieu à des hospitalisations et un suivi psy. J'ai encore les cicatrices visibles sur mes bras et mon torse.

Par la suite, les coups ont continué un an puis j'ai stoppé ma scolarité. Je suis resté enfermé chez moi sans sortir dans la rue, mis à part pour aller à l'hôpital ou voir mon psy, durant presque dix ans.

Il y a deux ans, j'ai retrouvé deux de mes harceleurs via Facebook. Je les ai contactés pour comprendre via un poème que j'avais écrit sur mon vécu. Ils ont préféré m'envoyer sur les roses et me bloquer. Les gens mauvais ne changent pas.

Je pense à eux tous les jours et ne leur pardonnerai jamais d'avoir détruit ma vie.

Résultat : à 33 ans, j'ai le statut travailleur handicapé, suis inscrit à Cap Emploi et ne parviens pas à travailler sans diplôme. Pourtant durant toutes ses années sans sortir, je me suis formé à l'infographie, ayant eu mon ordinateur comme fenêtre sur le monde extérieur.

Comme je le dis souvent, même si cela désole ma compagne rencontrée il y a un an, pour moi ma pire déception, c'est la nature humaine.

Témoignage 2 – Julie – 21 ans

Je m'appelle Julie. Je tairai évidemment d'où je viens et aussi quels ont été mes harceleurs. Mon prénom est également modifié.

Alors il n'y a pas de dates précises pour mon harcèlement, il a commencé en primaire avec des brimades, de l'isolement, de la moquerie, etc. Il a continué au collège mais je vais plutôt parler des pires années vécues, donc la quatrième et la troisième.

Début quatrième : traînant déjà mes casseroles derrière moi et donc une mauvaise réputation, les plus « populaires » de la classe ne m'ont pas prise sous leur aile. Je ne faisais rien pour aller vers eux, j'avais déjà deux copines de classe et ça me suffisait. Le caïd de la classe a commencé à se moquer en chuchotant aux autres et en me regardant de travers. J'ai vite repéré qu'il ne m'aimait pas puisqu'un jour, il a décidé de me pousser violemment dans le couloir ; j'ai résisté en m'accrochant à la manche d'une « amie » qui m'a dit, exaspérée : « Ne t'accroche pas à moi ! »

Le caïd, on va l'appeler Damien. Il a commencé à me dire des choses du style « t'es laide, t'es un monstre, t'es puante, arrête de parler tu es radioactive… quand tes parents ont vu ta gueule, ils ont été dégoûtés ». Évidemment, Damien n'était pas tout seul, il y avait deux autres filles, Marie et Mona. Et il y avait Yohan, l'ami de Damien. Sans compter l'autre groupe de garçons de la classe qui s'y est mis aussi. Tout le monde s'y est mis en y repensant.

Damien me balançait des boulettes de papier mâché dans les cheveux, il passait son temps à déblatérer sur moi « par-derrière », assez fort pour que je les entende. Marie passait très souvent à côté de moi en me chuchotant « t'es moche ». Elle disait « regarde-moi cette mongole qui fait ci, ah elle fait semblant de ne pas entendre comme d'habitude, dommage que ta tête n'aille pas avec tes dessins », « balance-lui des boulettes dans les cheveux ». Les autres rigolaient de leurs pitreries et moi, telle une huître, je me refermais de plus en plus sur moi-même. Yohan me disait

« gneeeee » et les autres rigolaient. Une fille criait fort « Oh la honte ! ». Marie s'amusait à me donner des coups de pied dans les mollets parfois. « Grosse conne », « Gogole », ah et puis le « elle est bête » venant d'une fille avec qui j'avais discuté la veille. Elle était totalement hilare, ils me prenaient tellement de haut mais dans le fond qui étaient-ils pour me prendre de haut ? Là encore, en me remémorant cela, je suis en colère et désormais je ferai tout pour que d'autres ne subissent pas mon calvaire. Le pire étant, pour moi, les invitations au suicide : « Si t'en as tellement marre de la vie, prends un fusil et finis-en. » Comme si ma vie n'avait aucune valeur. Ils jouaient à un jeu, « Zombie », c'est un jeu qui consistait à me regarder sans ciller. Surtout il ne fallait pas rigoler. Ils faisaient cela parce que, je cite : « T'es moche. » J'étais lassée. Un vieux slip répugnant dans les cheveux. Un sac volatilisé, et peut-être même des poux mis à la dérobée qui sait, car je n'en ai eu qu'au collège. Des paris tenus de dire que je suis belle. Crotte-de-nez-man, car je mangeais soi-disant mes crottes de nez.

Résultat sur le court terme ? Je n'osais plus m'exprimer publiquement de peur que les autres se moquent, j'étais encore plus dans mes rêveries, histoire de tenter d'oublier ce quotidien pas toujours très tendre. Je ne répondais pas aux questions des profs, j'essayais à tout prix de disparaître, pour qu'on ne me voie pas. Pour qu'on me fiche la paix. Je me demandais souvent : « Ont-ils un cœur ces gens-là ? Pourquoi ils ont si peu d'humanité ? » Mes notes chutaient, moi qui avais déjà des soucis de concentration. Chez moi, j'adoptais une attitude sombre, colérique, mais la vérité c'est que j'avais honte. Honte de me faire lyncher par des petites racailles, honte de n'avoir rien fait, honte d'avoir peur. Car, à écouter les autres, ils sauraient mieux gérer que toi, « moi, ça aurait été un coup de poing dans sa gueule puis basta », ou encore « tu n'as qu'à répondre ci ou ça ». J'ai essayé, mais que faire lorsqu'ils sont à 10 contre un ? Je cachais tout à mes parents de peur que cela empire, je prenais tout sur moi, le matin, j'avais une boule au ventre, à force de recevoir autant de brimades, j'ai fini par trouver limite normal qu'on m'insulte, c'était ma place. Le soir je pleurais en silence et je pensais au suicide juste pour qu'on me fiche la paix. J'avais tellement de haine. J'étais vraiment différente à l'époque, le pire étant que maintenant je suis celle que je ne voulais surtout pas devenir à l'époque. À l'époque, malgré tout je me montrais insensible, sans sentiment, forte et avec mon côté sombre, je les critiquais pour ne pas perdre la face. Je leur donnais des surnoms sans qu'ils le sachent. Je ne pleurais jamais devant eux. Surtout pas devant mes amies. J'avais l'air de rien comme ça mais en réalité, j'en avais dans les tripes, ça mourait d'envie de sortir mais je n'y arrivais pas, ce n'était jamais le bon moment.

C'est en fin de troisième que le harcèlement a cessé, non sans faire de remous. J'avais décidé de m'habiller un peu mieux (mais ce n'était pas encore cela), début troisième j'ai décidé de me réveiller un peu plus, certains des harceleurs n'étaient plus dans ma classe, je pouvais me détendre, mais un nouveau, on va l'appeler Théo, avait fait son apparition, costaud et provocateur. Les profs ne pouvaient pas le voir et les élèves se moquaient un peu de lui. Alors évidemment, il s'est tourné vers moi puis il m'a dit que j'étais un thon, une roulure, une catin et un jour je l'ai traité de gros. Pour me rebeller. Ensuite il a commencé à dire que ma mère était une catin, que je suçais mon frère, que mon père faisait partie de la ligue des violeurs. J'ai répliqué et il m'a menacée à la sortie et une fois dans le couloir, il m'a giflée. Comme ça. Devant tout le monde. Je voyais les autres détourner le regard. Je l'ai regardé à nouveau puis je lui ai fait un bras d'honneur, c'est tout ce que j'avais trouvé pour sauver mon amour-propre. Alors il m'a tiré les cheveux et m'a tapé la tête. « Eh bien Théo, tu tapes les filles ?! » « C'est pas une fille elle, c'est un monstre », il réplique furax. « Ben ouais c'est ta meuf, Théo ! » Et on m'a surnommée « la meuf à Théo » pendant un bon bout de temps. Alors que je retenais mes larmes ce jour-là, ça a été le déclic, changement de look radical, je me suis juré que plus jamais on ne lèverait la main sur moi, plus jamais on ne me traiterait de monstre et plus tard je me suis juré de devenir jolie avec du succès, du discours, du répondant et de l'intelligence. Bref, tout le contraire de ce qu'on pensait de moi. Le chemin est long et semé d'embûches qui sont comme ces gens. Décourageants. Peu après, le Théo s'amusait et se gargarisait de sa victoire face à moi. Il me disait : « Qu'est-ce que t'as sale catin ? Baisse les yeux ! » Il me menaçait, m'insultait, me méprisait, j'avais toute son attention puisqu'il ne faisait cela qu'à moi. Les autres, il en avait peur.

Au final, il a été viré. J'ai enfin eu le répit, la paix, bref la quiétude même si dans mon esprit ça bouillonnait d'envie de prendre ma revanche. À part quelques réflexions sur mon odeur et mon physique d'un mec de ma classe, on ne m'a plus fait chier.

Au lycée, j'ai tout déballé, tout ce que j'avais vécu. J'ai littéralement explosé, je faisais n'importe quoi parfois pour me faire remarquer, puis la plupart du temps je me faisais discrète. J'étais détruite et ça me brûlait de l'intérieur. Mes parents ne m'ont pas cru. Je ne leur en veux plus. On n'a que deux parents, ils sont irremplaçables.

Sur le long terme ? Haine incontrôlable, un côté sauvage, j'ai eu un bilan récent d'une psy qui m'a dit que j'avais un côté tenace, jamais en paix, un peu colérique et braqué. Sinon avant quand je passais devant un groupe de jeunes, je baissais la tête et j'avais peur, je tentais de les esquiver. J'ai toujours du mal avec les lieux scolaires qui me rappellent l'enfer. La construction de mon identité s'est faite sur de tels mots et méchancetés. J'ai mis des années à me convaincre que je n'étais pas idiote, mais que je n'étais pas qu'une boule de haine non plus. Que j'avais d'autres objectifs en vue. Cette colère, cette crise d'adolescence m'ont éloignée de l'enfant qui était en moi, de la fille sympa que je pouvais être. Dans ma tête, j'étais quasiment le contraire de ce que je suis maintenant mais quelque part, je suis toujours cette personne en colère. C'est compliqué en vrai. Je tente de concilier les deux, heureusement j'ai réussi à m'améliorer et à avancer mais il y a quelque chose qui ne change pas. C'est peut-être mon côté artistique qui joue beaucoup. J'ai besoin de cette revanche narcissique, juste pour prouver à tous ces gens que j'ai réussi.

Témoignage 3 – Lucie – 24 ans

J'ai été victime de harcèlement scolaire. Ça a commencé en maternelle, on me repoussait des jeux, on me faisait embrasser le mur en crépi de mon école en me disant

« embrasse-le comme si c'était ton amoureux ». Et puis, en primaire, ça a continué avec des messes basses.

Mais c'est au collège que ça s'est aggravé. On m'appelait « la moche », « la triso ». En quatrième, une ancienne amie m'a arrêtée dans la rue pour m'insulter, sans aucune raison. Elle m'a traitée de « salope », de « pute », j'ai fui mais ça m'a marquée.

En troisième, deux filles qui prétendaient, du haut de leurs 14 ans, ne plus être vierges, m'ont harcelée pendant une semaine et demie. Elles m'attendaient au portail du collège, m'attrapaient et me demandaient : « Dis, tu sais ce que c'est la masturbation ? La fellation ? Le doigté ? » Moi, je n'y connaissais rien sur le sexe… Comme je ne répondais jamais, elles riaient, puis allaient voir leurs amies en disant : « Eh regardez, elle ne sait pas ce qu'est la masturbation… (à moi) Allez, répète : est-ce que tu sais ce qu'est la fellation ? » J'étais humiliée, salie.

Entre deux heures de cours, dans une salle d'étude bondée, je me suis retrouvée à côté d'un moqueur, qui était avec ses amis. Il m'a demandé une gomme, c'est là que mon calvaire a commencé. Pendant une heure, lui et ses potes se sont moqués de ma voix grave. J'étais tellement mal, je ne pouvais pas parler car la moindre de mes paroles était sujette à rires et moqueries. Je ne pouvais pas non plus bouger, à cause du manque de place dans la salle d'étude. La surveillante n'avait pas d'autorité sur eux, et dans la salle, personne n'a bronché.

En première, une fille et ses deux amies m'ont coincée dans la rue pour me poser aussi des questions sur le sexe, elle m'a demandé si je voulais sortir avec son pote car « il en a une grosse ». Cette même fille prenait un malin plaisir, quand elle me voyait, à dire, ironiquement, à voix haute : « Mm, sexy ! »

En terminale, alors que je rentrais du lycée, des mecs ont craché sur mon sac, avant de se marrer. Et la même année, dans les toilettes des filles, un groupe de filles s'est moqué de ma voix grave, juste parce que je leur avais dit « bonjour ». J'ai couru pour sortir, je voulais me foutre sous la première voiture qui passait. Bien sûr, je ne l'ai pas fait. Certains témoins ont passé la semaine à se moquer de moi car je suis sortie en gueulant et pleurant « j'en ai marre ».

Les conséquences immédiates : dépression, paranoïa, isolement, introversion. Moi qui n'étais pas sociable, j'avais encore moins envie de l'être.

Ces conséquences sont toujours d'actualité, mais en plus se sont rajoutés la méfiance et le manque de confiance, en moi et en les autres.

Je m'en suis sortie car je suis partie de la ville en partant faire mes études supérieures.

Je ne me suis pas reconstruite, je traîne ce harcèlement comme un boulet, je ne peux plus aller devant mon ancien lycée et collège, ni aller dans un autre collège ou lycée, ça m'angoisse trop. J'essaie de faire de la prévention, par exemple auprès de jeunes scouts.

Témoignage 4 – Nadia – 29 ans

Le harcèlement a commencé à l'entrée à l'école – chez vous, c'est la maternelle, chez nous en Suisse, c'est l'école enfantine.

Ma meilleure copine du quartier était avec une autre fille, très méchante, et était sous son influence. Elles m'ont semée donc je suis arrivée à l'école en pleurs toute seule. Tout le monde était déjà en groupe et mon amie d'enfance et cette fille méchante ont étendu la rumeur. Et mes ennuis ont commencé.

Les violences ont duré plus de six longues années, tous les jours et même en classe en présence des professeurs.

Les violences étaient physiques: toute la classe me frappait, m'attachait contre un arbre, me lançait des pierres, me déshabillait, me regardait faire mes besoins dans les toilettes, me crachait et me pissait dessus.

L'hiver, ils mouillaient ma veste et me la mettaient dehors pour qu'elle gèle. Ils me mettaient des escargots ou des limaces dans les chaussures, et j'en passe… ils avaient de l'imagination.

Un jour, ils m'ont tenue à presque toute la classe et le meneur a dit « on va lui péter le bras ». Ils me l'ont maintenu et me l'ont tordu avec leur force et avec des coups de pied. Ils me l'ont cassé proprement.

Le harcèlement était aussi moral: ils se moquaient de moi, me bousculaient et du coup, je me faisais punir à la place d'autres élèves. Ils m'insultaient, ne me laissaient pas jouer avec eux, etc.

La violence était perpétuelle et me suivait sur le chemin de l'école et même dans le quartier.

Je donnais mon goûter pour acheter leur amour.

Conséquences

À 17 ans j'ai voulu mourir et me suis jetée d'une ruine d'un vieux château ; heureusement j'ai été freinée dans ma chute et j'ai survécu. J'ai toujours affirmé à mes parents que c'était un accident, j'avais trop honte pour leur dire… J'ai maintenant 29 ans et mes parents croient toujours que c'était un accident.

À cause de la perte de confiance qui découle du harcèlement, à 16 ans je suis tombée dans l'anorexie mentale. Je suis arrivée à 33 kilos pour 1 m 67 et j'ai été hospitalisée pendant plusieurs années. À l'heure actuelle mes troubles alimentaires vont mieux mais c'est toujours une lutte.

Cette expérience traumatisante a marqué ma vie au fer rouge, je ne pourrai jamais l'oublier ! Il reste une plaie béante qui ne pourra pas cicatriser… elle n'est juste plus infectée. J'ai toujours à l'heure actuelle peur du rejet des autres, et pourtant j'ai des amis et un mari qui m'aime.

Pour m'en sortir, me reconstruire, j'ai tenté de répondre par la violence, la soumission, l'ignorance mais rien n'y faisait…

À cause de mes difficultés scolaires, dues aux pointes de compas, insultes, bousculades, je ne pouvais pas travailler. J'ai redoublé une classe et j'ai été accueillie comme jamais. J'ai cru d'abord que tout allait recommencer mais heureusement, pas du tout. Enfin, je me sentais aimée et acceptée tel que j'étais ! Ce qui m'a aidée également, c'est le sport et le dessin qui ont été une grande ressource pour moi.

J'aimerais que ces atrocités s'arrêtent et que plus personne ne vive ce que j'ai vécu, car cela détruit de l'intérieur et il faut une sacrée force pour tout reconstruire.

Maintenant, je suis mariée et infirmière, certainement d'ailleurs pour apporter ma pierre à l'édifice.

Partie 1

Le **harcèlement** : mécanismes et prévention

Si vous êtes neutre dans les situations d'injustice, vous avez choisi le côté de l'oppresseur.

Si un éléphant a sa patte sur la queue d'une souris et si vous dites que vous êtes neutre, la souris n'appréciera pas votre neutralité.

Desmond Tutu

Le harcèlement scolaire : barbarie des temps modernes ?

Isabelle Torrisi, psychanalyste à Marseille,
membre de la Fédération Nationale de Psychanalyse, romancière

Le fléau du harcèlement est classé parmi les risques psychosociaux (RPS), concept qui permet d'articuler les paramètres sociétaux, environnementaux et individuels. Le harcèlement porte atteinte à la santé définie par l'OMS comme « [...] un état complet de bien-être physique, psychique et social et pas seulement une absence de maladie ou d'infirmité ». La santé est donc multidimensionnelle, physique et psychique. En effet, quand la détresse psychologique du harcelé n'est pas prise en compte, des maladies organiques peuvent se déclencher avec dans les cas extrêmes, un passage à l'acte suicidaire ou l'agression parfois mortelle du harceleur, car la victime ne voit alors pas d'autre issue pour mettre un terme à son calvaire. Il ne faut pas oublier les victimes collatérales, à savoir la famille du harcelé, ni les dysfonctionnements causés à l'école. Des parents d'élèves harcelés ne dorment plus après les tentatives de suicide de leurs enfants.

Tout harcèlement s'inscrit dans un contexte socioculturel et l'histoire des protagonistes, harceleur(s), harcelé. Pour le Dr Marie-France Hirigoyen, psychiatre et psychanalyste, ce phénomène est un fléau des temps modernes qui résulte de l'interaction de phénomènes complexes dont la tyrannie de l'image et de la performance, générant une société hyper-conformiste où l'altérité, « l'atypicité » constitue un danger pour ceux qui sont différents, donc marginalisés. Dans ces conditions, se démarquer du groupe est dangereux, car il isole la proie potentielle qui risque le lynchage. On sait à quel point l'adolescence est une période de grande fragilité narcissique avec des enjeux de construction identitaires. Parler des abus scolaires revient à traiter tous les types de harcèlement, puisque les harceleurs détruisent la victime en mots, harcèlement moral, avec parfois des agressions sexuelles en prime.

D'un point de vue sociétal, on peut également souligner que désormais, la perméabilité des sphères privées et professionnelles est un facteur aggravant qui ne permet plus d'assurer l'étanchéité de la vie privée et professionnelle. C'est ce que le psychanalyste Serge Tisseron nomme « l'extimité », par opposition à l'intimité. On peut voir par exemple l'amplification d'un harcèlement scolaire sur les réseaux sociaux très prisés par les ados, dans des mails, SMS et autres supports numériques. Une adolescente harcelée déclare : « Ça ne s'arrêtait jamais ! »

Il s'agit dans tous les cas, de « la torture d'une victime désignée », comme le disait Zola au sujet de la corrida.

Mais qu'est-ce que le harcèlement ?

Selon Brodsky, psychiatre américain, le harcèlement consiste « en des agissements répétés ayant pour but de tourmenter, d'épuiser ou de frustrer une personne, ou bien encore de la provoquer, de l'effrayer, l'intimider ou l'embarrasser ».

Heinz Leymann, psychologue suédois a défini : « Le *mobbing*, qui vient de *mob*, foule, ou qui signifie "mafia", est un enchaînement sur une longue période de propos, d'agissements hostiles, exprimés ou manifestés par une ou plusieurs personnes envers une tierce personne. »

On peut également citer le terme anglo-saxon de *bullying*, qui implique des violences physiques et que l'on entend souvent pour qualifier le harcèlement scolaire.

Parler de harcèlement, c'est s'attaquer à une nébuleuse aux contours flous et incertains… Le flou comme le malaise de la victime tétanisée et muselée par la toile d'araignée tissée par le(s) prédateur(s) autour de la « proie », qui ne sait plus comment réagir et perd confiance en elle et en son jugement, elle est dépossédée d'elle-même. Le harcèlement pose le problème de la frontière entre le normal et le pathologique. Par extension se pose le problème du consentement de la victime. Quand commence le harcèlement ? À une remarque ou un geste déplacé ? Une humiliation de trop ? Une réflexion de trop ? L'argument massue du harceleur n'est-il pas de dire : c'est pour rire ! Tu es bien susceptible ! Les ados ont l'habitude de « se vanner ». Le harceleur agit souvent « pour le bien de sa victime ».

Le but est de détruire, d'humilier « la proie désignée » pour établir une relation d'emprise sur la victime et de toute-puissance du bourreau. Dans le cas du harcèlement sexuel apparaît le chantage. Tout phénomène de harcèlement est à mon sens une dynamique voire une dialectique, la dialectique du harceleur et du harcelé, du bourreau et de la victime, du maître et de l'esclave.

La notion d'*emprise* est fondamentale dans tout harcèlement. Étymologiquement l'emprise signifie « saisir », physiquement ou par l'esprit. L'emprise a pour but de sidérer les défenses de la victime. Le psychanalyste Roger Dorey a défini plusieurs dimensions de l'emprise.

- L'**appropriation** par dépossession de l'autre,
- La **domination** où l'autre est maintenu dans la soumission et la dépendance,
- L'**empreinte** de l'abuseur qui marque la victime de son sceau physiquement et psychiquement ; on constate que nos patients déclarent être toujours sous l'emprise du harceleur même après qu'ils ne sont plus en contact avec ce dernier ou cette dernière.

Le harcèlement est une **agression**, et face à l'agression nous sommes tous inégaux de par notre histoire ou nos fragilités psychiques. Du côté des harcelés, on constate souvent des **fragilités** du fait de l'histoire du sujet, c'est-à-dire maltraitances, carences, traumatismes, handicap ou particularité physique, ou alors une **fragilisation ponctuelle** du fait d'un événement, c'est-à-dire deuil, divorce, agression…

Souvent au début du harcèlement, les agissements hostiles ne sont pas systématiques, les attaques sont subtiles et espacées, ce qui peut expliquer que la « cible » ne réagisse pas car elle ne comprend pas. Le harceleur alterne le froid et le chaud pour faire perdre ses repères à la proie. Le harcelé reste emmuré dans sa solitude, le silence et le repli sur soi, le harcèlement est une pathologie de la solitude. L'entourage est toujours surpris de ce silence : « Mais pourquoi n'as-tu pas parlé ? », la famille pressent que « quelque chose ne va pas » mais devant le mutisme de la victime, impossible de savoir... L'aveu du harcèlement fait l'effet d'une bombe ! La peur et la honte sont très souvent à l'origine de ce verrouillage psychique. La victime cache son enfer à son entourage, parfois pour les protéger.

Ce silence a des conséquences catastrophiques sur la santé de la victime :

Des troubles psychosomatiques vont apparaître car des **maux** vont se manifester là où les **mots** manquent, cela ira parfois jusqu'à la maladie organique. La victime devient nerveuse, anxieuse, irritable, souffre de troubles du sommeil, de crises de larmes, toutes ces attitudes peuvent d'ailleurs être récupérées par le harceleur qui veut prouver que c'est bien le harcelé qui a un problème... La victime peut souffrir de maux de tête, de sueurs, d'oppression, de fatigue, de troubles de la concentration et de la mémoire, de rétrécissement de la pensée d'où des difficultés à prendre des initiatives. Perte ou prise de poids, troubles digestifs, cardiaques, maladie de peau, tentative de suicide, scarifications, effondrement scolaire...

Les harcelés présentent également des symptômes caractérisant des états de stress post-traumatique qui concernent des victimes de guerre ou d'attentats : **intrusion**, flash-back diurnes et cauchemars nocturnes, **évitement**, la victime évite tout ce qui lui rappelle le harcèlement (situation, lieux, personnes...), phobie pouvant mener à la marginalisation et à la désocialisation ; **hyperstimulation** dont l'hypervigilance, c'est-à-dire que la victime est sans arrêt sur le qui-vive, en état d'alerte, d'où l'épuisement psychique et physique ; la victime est en état de sidération, déconnectée d'elle-même et du monde, paralysée. Son drame est de chercher des causes logiques où il n'y en a pas, rappelons qu'un harcèlement n'est pas un conflit ! « Je n'avais rien fait », déclare cette élève harcelée par ceux qui étaient encore ses amies il y a quelques mois… Françoise Sironi, qui a travaillé avec des victimes de torture souligne que la souffrance découle de l'incapacité à comprendre l'intention de l'autre et la perte de repères cognitifs. La victime n'a pas de mots, il n'y a que des images terrifiantes.

Michèle, enseignante et psychanalyste, a créé un point écoute dans son lycée. « Cette structure a une fonction curative et préventive », dit-elle. Des élèves en détresse y viennent, parfois des harceleurs, il s'agit dans tous les cas de comprendre la mécanique infernale du harcèlement pour y mettre un terme. Des groupes de parole vont aussi être organisés. La violence apparaît quand il n'y a plus de mots.

Lutter contre ce fléau passe par la parole : thérapies individuelles, groupes de parole. Tout ce qui contribue à sortir la victime de son isolement, comme par exemple des adolescents sentinelles qui escortent la « cible » pour la protéger, ou des élèves médiateurs. Les jeux de rôle et autres vidéos, comme celles de l'Éducation nationale, peuvent également être efficaces grâce à la distanciation qui permet une prise de conscience par les protagonistes et les témoins passifs. La thérapie par l'EMDR peut aussi aider à surmonter le trauma, la sophrologie, le sport.

Le harcèlement serait donc un fléau des temps modernes, mais faut-il pour autant accepter la « banalisation du mal », comme le disait Hannah Arendt. « La seule chose qui permet

au mal de triompher c'est l'inaction des hommes de bien», E. Burke. Nous savons que lorsqu'une volonté ferme est affichée dans le monde de l'entreprise pour lutter contre le harcèlement il ne prolifère pas, cela est aussi valable à l'école. Le drame est d'abandonner «la victime désignée» à son agonie et de conforter les bourreaux dans leur sentiment de toute-puissance!

Les nouvelles technologies ont créé un nouvel espace public, une sorte de jungle numérique où explose la cyber-violence. Dans ce *no man's land* technologique les passions humaines se déchaînent en toute impunité, les agresseurs agissant à l'abri du bouclier de leur écran protecteur. Photos et vidéos dégradantes sont mises en ligne, insultes, incitations au suicide sont relayées en boucle sur les réseaux sociaux! La «cible» se replie sur elle-même dans un sentiment de honte, de culpabilité, elle se marginalise avec parfois l'issue tragique qu'est le suicide pour échapper à l'enfer des humiliations et des persécutions. Les cas sont hélas nombreux dans le cadre scolaire. Si la forme des agressions et des atteintes à la personne diffère des modalités habituelles où existe un contact physique direct, les traumatismes restent pourtant les mêmes pour les victimes! Il est donc vital de pacifier ces nouveaux espaces virtuels, comme cela se fait par exemple avec «les promeneurs du net» assurant une présence éducative sur la toile qui, comme tout outil, nécessite un apprentissage afin d'en faire bon usage.

«Le sentiment de notre existence dépend pour une bonne part du regard que les autres portent sur nous: aussi peut-on qualifier de non humaine l'expérience de qui a vécu des jours où l'homme a été un objet aux yeux de l'homme» (Primo Levi,

Si c'est un homme, 1947.). On sait à quel point le sentiment d'appartenance au groupe est fondamental à l'adolescence. Certaines victimes ne se remettront jamais de leur supplice et c'est tout leur avenir qui sera compromis.

Parler de harcèlement, c'est parler de la barbarie qui apparaît à chaque fois que l'on dénie à l'autre son humanité, l'autre qui est réduit à l'état d'objet sadisé et qui n'est plus sujet. Le suicide est parfois la seule échappatoire pour des victimes exilées dans l'enfer du harcèlement ; le terme de barbarie n'est donc pas excessif. Ces dérives scolaires interrogent les valeurs de notre société au narcissisme mortifère et à l'uniformité pernicieuse qui bannit ceux qui ne « seraient pas dignes » d'y appartenir.

Impuissance à l'action et sentiment d'écrasement

Promouvoir des contextes d'apprentissage sains et sûrs en agissant sur les témoins de harcèlement scolaire : Le programme KiVa

Christina Salmivalli et **Claire Garandeau**,
University of Turku, Finland

Le harcèlement scolaire : un problème mondial

Le harcèlement scolaire est reconnu comme un problème grave qui touche un nombre extrêmement important d'enfants et d'adolescents à travers le monde. Selon une enquête de 2014 de l'Organisation mondiale de la santé (OMS) portant sur 48 pays d'Europe et d'Amérique du Nord, le pourcentage moyen d'enfants, chez les 11-15 ans, qui sont victimes de harcèlement de manière répétée (soit 2 ou 3 fois par mois ou plus) est de 10 % chez les filles et 12 % chez les garçons. Dans certains pays, ces taux sont trois fois supérieurs à la moyenne. Il existe également d'autres pays, non inclus dans cette enquête, mais dont les études montrent que les taux d'enfants victimes de harcèlement sont très élevés. Il est donc normal que le harcèlement scolaire soit source d'inquiétude parmi les jeunes, leurs parents ainsi que leurs enseignants et éducateurs.

Le harcèlement consiste à agresser de manière répétée un individu pour qui il est difficile de se défendre face à cet agresseur. L'individu cible du harcèlement peut être physiquement plus faible ou présenter d'autres types de vulnérabilité (par exemple être l'unique cible de tout un groupe de pairs ou souffrir d'anxiété sociale, de manque d'estime de soi ou avoir peu ou pas d'amis). Les comportements de harcèlement incluent tout acte qui cause de la souffrance, allant de commentaires blessants (y compris sur les réseaux sociaux), à de l'humiliation en public, de l'exclusion sociale systématique, ou des attaques physiques.

Les études scientifiques ont montré que les conséquences du harcèlement peuvent être graves en premier lieu pour les élèves cibles du harcèlement. Les enfants victimes souffrent davantage que leurs pairs de troubles anxieux et dépressifs, de troubles somatiques, de sentiment de solitude et d'une baisse de confiance en eux. Il arrive souvent que ces conséquences néfastes du harcèlement scolaire dans l'enfance persistent à l'âge adulte.

La majorité des enfants et adolescents désapprouvent le harcèlement. Pourtant, lorsqu'ils sont en groupe, ils peuvent adopter des comportements qui contribuent à perpétuer et même renforcer les comportements de harcèlement. Certains d'entre eux participent activement au harcèlement, mais ceux qui se contentent d'observer et d'offrir un public au harceleur, parfois en riant avec les autres, envoient comme signal que le harcèlement est quelque chose d'amusant ou « cool ». C'est probablement la raison pour laquelle les comportements de harcèlement, ainsi que ses effets délétères, perdurent. Donner aux élèves témoins la possibilité d'agir en faveur des victimes lors de situations de harcèlement est reconnu comme un élément essentiel dans la prévention du harcèlement.

Le programme anti-harcèlement KiVa

Prenant conscience de l'ampleur du phénomène du harcèlement scolaire et de ses conséquences graves sur la santé physique et mentale des jeunes, de nombreux pays ont lancé des campagnes nationales ou apporté un cadre législatif pour faire face au problème. Souvent, la législation oblige les établissements scolaires à adopter un règlement interdisant le harcèlement ou à lancer des actions contre le harcèlement. Cependant, ce type de régulation laisse généralement les écoles libres de décider du contenu exact de leurs règlements ou de leurs politiques anti-harcèlement. Dans certains pays, le ministère de l'Éducation émet des recommandations sur les points précis devant être inclus dans les règlements internes des écoles. Par exemple, le ministère peut recommander que le règlement comprenne une définition précise du harcèlement, qu'il contienne des éléments de prévention autant que des éléments pour intervenir dans les cas de harcèlement avérés, ou encore que les effets des interventions soient évalués. Malgré ces recommandations, le personnel des établissements scolaires ignore souvent ce qu'il doit faire concrètement pour prévenir le harcèlement, ou pour intervenir. C'est précisément cela qui manquait aux écoles finlandaises à la suite des changements législatifs concernant le harcèlement qui eurent lieu à la fin des années 1990 et au début du nouveau millénaire. Pour répondre à cette demande, le ministère de l'Éducation finlandais a décidé en 2006 d'allouer des fonds pour la création, l'évaluation et la dissémination du programme anti-harcèlement KiVa®. KiVa a été largement utilisé dans les écoles finlandaises depuis 2009, et à présent dans de nombreux autres pays (voir www.kivaprogram.net), avec des résultats très encourageants.

KiVa comprend à la fois des outils pour une prévention du harcèlement et une procédure claire pour agir face aux cas de harcèlement dont le personnel des écoles a eu connaissance. KiVa met l'accent sur le rôle des élèves témoins du harcèlement, tout en reconnaissant que les adultes doivent faire savoir aux victimes qu'elles sont entendues et vont être aidées, et aux auteurs que leur comportement n'est pas acceptable.

Les cours sur le harcèlement sont au cœur des actions universelles incluses dans le programme KiVa; le terme « universel » fait référence au fait que ces actions sont destinées à tous les élèves et de nature préventive. Les thèmes abordés dans les cours KiVa vont de l'identification et la régulation des émotions aux pressions du groupe de pairs sur les élèves témoins, en passant par le respect et l'apprentissage de stratégies sans risques et efficaces pour venir en aide aux victimes du harcèlement. Les cours comprennent des activités variées, dont un jeu vidéo auquel les élèves peuvent s'adonner entre les cours, et qui a pour but de leur faire prendre conscience du rôle du groupe de pairs dans les mécanismes de harcèlement et du pouvoir qu'ils ont de mettre fin à ce processus.

Chaque école utilisant KiVa a une équipe KiVa, composée d'enseignants ou d'autres membres du personnel et dont la mission est d'intervenir dans les cas de harcèlement. Ces actions ciblées sont destinées aux élèves directement impliqués dans le harcèlement, ainsi qu'à quelques autres élèves auxquels on demande d'apporter un soutien à la victime. Les équipes KiVa reçoivent des recommandations concrètes dont l'efficacité a été démontrée à la fois sur la façon de traiter les situations de harcèlement et de s'assurer du succès de l'intervention.

Notre expérience nous a montré que le meilleur moyen de réduire le harcèlement de manière significative est d'allier la prévention systématique (notamment grâce à des cours sur le harcèlement) à des interventions dont l'efficacité a fait l'objet de tests scientifiques dans les cas de harcèlement avérés. L'organisation de réunions de suivi peu après chaque intervention (les actions ciblées) augmente la probabilité que ces discussions mettent fin au harcèlement.

Concernant le rôle des parents dans la prévention du harcèlement et les interventions anti-harcèlement, on pense généralement aux parents des harceleurs (ou harceleurs potentiels) ou parfois à ceux des élèves victimes. Il est important que tous les parents comprennent que la prévention du harcèlement les concerne autant qu'elle concerne les élèves et leurs enseignants. Tous les parents devraient parler à leurs enfants du problème du harcèlement à l'école, pas uniquement lorsqu'ils soupçonnent que leur enfant est directement impliqué. Avec KiVa, le principal message que nous voulons transmettre aux parents est de s'intéresser aux relations que leur enfant entretient avec les autres élèves de sa classe. Au lieu de simplement leur demander s'ils subissent eux-mêmes du harcèlement, ils pourraient poser les questions suivantes : Comment s'entendent tous les élèves dans la classe ? Est-ce que tout le monde a des amis ? Est-ce que vous vous soutenez les uns les autres quand l'un d'entre vous a des problèmes ? As-tu été témoin de harcèlement ? Que fais-tu quand cela arrive ? Que font les autres ? Chaque parent peut aider à prévenir le harcèlement en éveillant l'empathie pour ceux qui sont victimes et en discutant avec leurs enfants de ce qu'ils peuvent faire lorsqu'un autre enfant est harcelé. Ces thèmes sont abordés dans le matériel KiVa à destination des parents, qui comprend des livrets d'information, un guide et des graphiques utilisés lors d'une réunion annuelle de rentrée.

Les évaluations du programme KiVa en Finlande et à l'étranger ont montré qu'il était possible de changer les attitudes des élèves face au harcèlement, d'accroître leur empathie envers les victimes et de modifier leurs comportements lorsqu'ils sont témoins de harcèlement. À la suite de la dissémination du programme à l'échelle nationale (en Finlande), le nombre d'enfants harcelés par leurs pairs et harceleurs a commencé à baisser. Nous pensons que « le pouvoir des témoins » demeure sous-utilisé dans la prévention du harcèlement. Par ailleurs, les écoles ont besoin d'outils concrets et testés scientifiquement pour permettre aux élèves et aux enseignants de mettre fin au harcèlement. La régulation par la loi est un bon début, mais cela n'est pas suffisant pour garantir le respect du droit de chaque enfant à une scolarisation sans danger.

Lectures supplémentaires

Des informations sur le programme anti-harcèlement KiVa sont disponibles sur le site : www.kivaprogram.net.

La trousse volée

Comment l'intervention d'un tiers permet de désamorcer la situation

François est en salle de perm'. Il rêvasse. Posée sur la table, il y a une trousse verte, couverte d'écritures, de dessins au Tipp-Ex. Soudain, Fabien s'approche. Fabien, c'est un facho, il est royaliste. Il a les cheveux rasés sur les côtés. Il regarde la trousse et demande : « Elle est à toi ? » François rougit et dit : « Non, je l'ai trouvée dans la cour. » Fabien part.

La salle de perm' sent la craie, la sueur. Il y règne soudain une drôle de torpeur. François est pris d'une anxiété diffuse. Il sait que ça ne va pas s'arrêter là. Depuis des semaines, avec Manu, ils chourent des sacs. Manu la grande gueule. Manu qui lui crache dessus pour rire.

François a gardé cette trousse qu'il trouvait cool et dont il aimerait là qu'elle disparaisse. Le calme, la chaleur du soleil à travers la fenêtre. Tout semble suspendu. François est tétanisé.

Ils arrivent. Il y a Nicolas, Fabien, Alexandre, Xavier, Renaud, Antoine. Et Pierre, un Corse. Ils se mettent autour de François. Ça fait une masse menaçante, compacte.

Pierre reconnaît sa trousse. François est piégé. Tous l'accusent. Il répète qu'il l'a trouvée.
– Où ?
– À côté de la poubelle.
– Laquelle ?
– Je sais plus, vers la cantine.
– Quand ?
– Hier.
– Pourquoi tu l'as pas ramenée au CPE ?
– Je ne sais pas.
– Tu l'as volée !
– Vous êtes fous. Si je l'avais volée, vous croyez que je la sortirais en perm' ?
– Pourquoi tu es tout rouge ?
– Je ne sais pas, mettez-vous à ma place.

François sent que ses réponses sonnent juste, il reprend confiance.
– On va chercher le CPE.

François sent sa grosse gorge qui se serre.

Fabien veut lui casser la gueule.

Xavier prend sa défense. Il dit : « C'est plausible son histoire. »

Pierre reprend sa trousse, sans rien dire, et sort de la salle. Les autres le suivent. Xavier se retourne et regarde longuement François. Il a pris sa défense mais il ne le croit pas.

Sur le chemin du retour, François ouvre son sac et balance dans une poubelle des stylos, une paire de lunettes, une calculatrice.

Prévention du harcèlement en CE2 et dans les collèges

Noémya Grohan,
présidente de l'association GÉNÉR'ACTION SOLIDAIRE

J'ai décidé de créer l'association GÉNÉR'ACTION SOLIDAIRE il y a cinq ans, fin 2013, en parallèle à la parution de mon livre-témoignage *De la rage dans mon cartable*[1].

J'ai moi-même subi le harcèlement pendant quatre ans au collège. Moqueries, humiliations, surnoms dévalorisants, bousculades, jets de projectiles, tapes dans la tête, faisaient partie de mon quotidien. Je n'en ai jamais parlé, j'ai encaissé, et j'ai fini par croire que je l'avais mérité. Pendant cette période de violences verbales et physiques répétées, j'ai totalement perdu confiance en moi, et je me suis retrouvée en échec scolaire. Plus tard, lorsque le harcèlement a enfin cessé, au lycée, toutes ces émotions négatives enfouies sont remontées

1. Hachette Éditions, 2013.

à la surface. Avec le recul, le pire pour moi n'a pas été le harcèlement, le pire a été ce qui a suivi : je me suis retrouvée dans un état dépressif qui m'a poursuivie presque dix ans : crises d'angoisse, idées noires, incapacité totale à me projeter dans l'avenir, difficultés de concentration, échecs dans le cursus scolaire et post-bac, du fait notamment d'un manque évident de confiance en moi. Pendant toutes ces années de souffrance, j'ai eu la chance de trouver deux « ressources » en moi : l'écriture et le sport. Cela m'a permis d'évacuer et de « tenir le coup », de garder la tête hors de l'eau.

Au départ, quand j'ai créé l'association, j'intervenais essentiellement auprès de collégiens et de lycéens, mais je me suis vite rendu compte que c'était presque « trop tard » pour une majorité des élèves qui se confiaient à moi de conséquences « post-traumatiques », les violences datant pour certains de l'école primaire, voire maternelle. C'est à partir de ce constat que j'ai réalisé que pour être efficace il me fallait agir dès le plus jeune âge.

Expérience avec la Ligue de l'enseignement

Cette réflexion a coïncidé avec la rencontre avec Myriam Bacha, coordinatrice des actions éducatives scolaires de la Ligue de l'enseignement, en 2016, lors de la projection-débat à Paris du film *Marion, 13 ans pour toujours*. Suite à une « prise de parole » de ma part, elle m'a proposé d'agir à ses côtés dans le cadre d'un parcours de prévention au harcèlement créé à destination de classes de CE2. J'ai immédiatement accepté, y voyant là l'opportunité d'agir en prévention, et non « après la bataille ».

La première année, 20 classes de CE2 des écoles primaires de Paris ont eu l'occasion de participer à ce projet qui se déroule en trois étapes. Une séquence de 1 h 15, purement théorique, élaborée à partir d'un court-métrage, et d'échanges construits avec les élèves sur la base d'un Powerpoint interactif. Une seconde partie, « théatre-action », où les élèves assistent à des situations de harcèlement mis en scène par des comédiens, et peuvent participer en jouant un rôle sur scène pour stopper les faits de violence. Et pour finir, lors de la dernière étape, qui dure 1 h 30, les élèves doivent élaborer ensemble une Charte destinée à « bien vivre ensemble » et éviter le harcèlement à l'école.

En ce qui me concerne, durant trois ans, j'ai eu pour rôle d'animer la première et la troisième séquence. J'ai à chaque fois été impressionnée par l'attention des élèves, et par leur pertinence. J'ai compris que contrairement à ce que l'on pourrait imaginer, même à ce jeune âge, en parler n'était pas du « luxe ».

L'idée principale lors de la première séquence est d'aborder la définition du harcèlement, avec les différentes formes existantes en milieu scolaire, les particularités, les mécanismes, les émotions associées, les conséquences, les solutions, que l'on soit victime ou témoin.

Certains ont pu témoigner de situations vécues, parfois dès la maternelle.

Pour concevoir la Charte ; lors de la dernière étape, les élèves sont amenés à réfléchir individuellement dans un premier temps : quelle attitude doit-on adopter pour bien vivre ensemble, comment peut-on, ou plutôt, comment doit-on réagir, si l'on assiste à ce type de situation ? Ensuite les trois idées principales de chaque élève, celles qu'ils considèrent comme les plus importantes, sont toutes lues à voix haute, les idées similaires étant rassemblées, ce qui sert de base à la Charte.

Les notions de solidarité et parfois d'empathie sont évoquées. Le fait, aussi, de « ne pas faire subir aux autres, ce que l'on n'aimerait pas subir soi-même ».

Au travers de ces actions, les enfants intègrent le fait que s'ils ne disent rien, s'ils rigolent, s'ils suivent le mouvement impulsé par les meneurs, ils deviennent complices. Ils réalisent aussi que la seule manière de s'en sortir, c'est d'en parler, pour ne pas se retrouver à « accepter des situations inacceptables ».

Ce projet est très apprécié des enseignants et des élèves, car il permet d'aborder une thématique dans laquelle chacun peut se retrouver à un moment donné : en tant que meneur, victime ou témoin. Cela permet de plus de mettre des mots sur des faits trop souvent « banalisés ».

Les **actions de prévention** que je mène depuis plus de quatre ans m'ont permis de prendre conscience que ces situations de harcèlement touchent bien plus d'élèves que ce que l'on pourrait imaginer. Il n'est pas rare que je me retrouve à la fin des actions avec 3, 4, 5 élèves, parfois plus, qui éprouvent le besoin de me confier à titre personnel des situations vécues. Il m'est même parfois arrivé de rester une heure de plus au sein de certains établissements pour leur laisser la possibilité de s'exprimer sur ces situations passées mais toujours si présentes dans leur quotidien (phobie sociale, automutilations, addictions, mal-être, troubles du comportement alimentaire…).

Ces actions de prévention, au même titre que toutes celles qui existent aujourd'hui grâce à un certain nombre de structures, sont essentielles pour briser le silence, faire en sorte que la honte change de camp, et inciter les témoins à prendre position face à ce type de situation ne serait-ce qu'en jouant un rôle « d'alerte » auprès des adultes de l'établissement. C'est d'ailleurs en ce sens qu'existent aujourd'hui dans certaines structures (écoles, collèges, et lycées) des élèves « Ambassadeurs », ou encore nommés « copains vigilants ».

Resté longtemps un sujet tabou aux actes et conséquences sous-estimées, le harcèlement scolaire est un phénomène qui, aujourd'hui plus que jamais, fait de plus en plus parler.

En France, la première campagne de prévention du gouvernement a eu lieu en 2012, peu de temps après le suicide d'une jeune fille de 12 ans, Pauline, qui subissait des faits de violences verbales et physiques depuis le début de son entrée en sixième. Poussée à bout, la veille de la rentrée des vacances de Noël, elle s'est mis une balle dans la tête.

Peut-être est-ce ce drame de plus qui a poussé à réagir ? Le fait est qu'il y a six ans, on a enfin commencé à pouvoir mettre un mot sur ce phénomène bien particulier que l'on retrouve en milieu scolaire : **le harcèlement**.

Le mot « harcèlement » implique nécessairement la notion de répétition. Les faits de violences peuvent se reproduire au cours d'une même journée, et se répéter dans le temps.

Les faits peuvent se passer en pleine salle de classe, le plus souvent quand l'enseignant, le professeur a le dos tourné, dans les recoins de la cour de récréation, dans les couloirs ou les escaliers, dans le réfectoire, dans les toilettes, sur les terrains de sport ou dans les vestiaires, aux alentours de l'établissement, ou encore dans les transports (scolaires ou publics) entre l'établissement scolaire et le lieu d'habitation. Aujourd'hui, et depuis une quinzaine d'années, le harcèlement peut même se poursuivre hors les murs de l'établissement, *via* le téléphone portable et l'ordinateur, la tablette, en particulier sur les réseaux sociaux.

Bien souvent, l'élève « ciblé » se retrouve isolé face à un groupe d'élèves.

Cela peut être un groupe de 2, 3 élèves qui génère une « pression collective », cela peut être aussi toute une classe qui s'acharne systématiquement sur la ou le même élève.

Une relation dominant / dominé s'instaure alors.

Et ce, non pas parce qu'individuellement les autres sont plus forts physiquement ou psychologiquement, pas non plus parce qu'ils sont plus intelligents, simplement parce que la victime se retrouve seule, isolée, face à un groupe. On comprend aisément que seul face à un groupe, on n'aura jamais le dessus, on ne fera jamais le « poids ». En soi, c'est très déstabilisant et ça peut suffire à dévoiler sans le vouloir aux autres sa « faille » qui provient du sentiment d'être démuni. On se trouve en « état de choc », on ne comprend pas ce qui nous arrive…

On distingue **plusieurs formes de harcèlement** en milieu scolaire.

Le **harcèlement physique** englobe toutes les situations qui sont susceptibles de causer un dommage corporel, une douleur ou une blessure purement physique.

Les bousculades dans les couloirs, les croche-pieds sur les terrains de sport, les claques par-derrière la tête, les étranglements, les jets de projectiles (boulettes de papier, ballon envoyé volontairement). On retrouve aussi les violences à connotation sexuelle et les « jeux dangereux » effectués sous la contrainte.

Certains de ces faits laissent des traces : des bleus, des brûlures, des égratignures, que les enfants victimes cherchent bien souvent à camoufler, en prenant par exemple soin de cacher leurs bras et jambes, portant pantalon et pull quelle que soit la température extérieure.

Dans les cas les plus graves, les violences répétées peuvent induire des passages aux urgences (côte cassée, traumatisme crânien, malaises dus aux étranglements…).

Le **harcèlement moral, verbal, psychologique** est probablement la forme de harcèlement qui laisse le plus de séquelles sur le long terme, dans la mesure où il détruit « intérieurement ». Il anéantit l'estime de soi, parfois déjà si fragile en période d'enfance et d'adolescence.

Ce type de violence – verbale, psychologique et symbolique – est plus discret que le harcèlement physique, et donc plus difficile à détecter par les adultes.

On entend parfois : certains mots font plus mal que les coups. C'est un fait. Les mots rongent, détruisent, c'est un mal invisible. Les moqueries, les insultes, les propos discriminatoires, les surnoms dévalorisants, le chantage, laissent des plaies profondes à l'intérieur de soi.

Même quand les autres ne les disent plus, on les entend encore.

On finit par se voir tels que les autres veulent que l'on se voie.

T'es moche. Tu pues. Tu sers à rien.

À force de l'entendre, on finit par le croire.

La mise à l'écart, injustifiée, est aussi extrêmement dure à vivre. Sans en comprendre la raison, on se retrouve seul dans la cour de récréation, seul à une table à la cantine, les autres nous repoussent lorsque l'on cherche à établir un contact ; en sport collectif, les meneurs font tout pour ne pas nous avoir dans leur équipe, on se retrouve bien souvent choisi en dernier, par défaut délaissé. On en vient à ne plus vouloir exister.

Le poids des mots et des maux est extrêmement lourd

Avec le développement des nouvelles technologies et des réseaux sociaux, les harceleurs peuvent poursuivre leurs victimes hors des murs de l'école. On parle alors de « **cyber-harcèlement** ».

Il se pratique *via* les SMS, sessions de chat, commentaires et vidéos postés sur les réseaux sociaux, les photos prises avec les téléphones portables, etc., et place la victime dans un état d'insécurité permanent. La violence peut l'atteindre partout et tout le temps.

Le cyber-harcèlement peut prendre différentes formes :

- moqueries en ligne,
- propagation de rumeurs par téléphone mobile ou Internet,
- sur un réseau social, création d'une page ou d'un profil à l'encontre d'une personne,

- envoi de photographies sexuellement explicites ou humiliantes,
- publication d'une vidéo de la victime en mauvaise posture,
- envoi de messages injurieux ou menaçants par SMS ou courrier électronique.

D'après l'UNICEF, un adolescent sur huit a déjà été victime de persécutions en ligne.

Le harcèlement en ligne ou par téléphone décuple la souffrance de l'adolescent·e, qui se sent piégé·e, il est difficile pour lui, pour elle, de se soustraire à des agressions qui ne lui laissent aucun répit.

Le harcèlement est une violence gratuite, que l'on n'a, par définition, absolument pas méritée.

Pourtant, dans la majorité des cas, lorsque l'on est victime de harcèlement, le risque est, alors que l'on est de base 100 % victime, de ressentir un sentiment de honte et de culpabilité. Ce sentiment est lié dans la majorité des cas à l'attitude des témoins.

En effet, le **harcèlement n'existe pas s'il n'y a pas de spectateurs, de public**.

Dans ce groupe de témoins, chacun joue un rôle, directement ou indirectement.

Il a ceux qui se mettent à suivre le ou les meneurs, estimant inconsciemment qu'il est plus confortable d'être du côté de celui qui semble avoir le dessus sur la situation. Ils se mettent alors à participer directement aux faits de violences, d'humiliation, soutenant explicitement l'élève instigateur.

La seconde réaction que l'on retrouve le plus souvent est la passivité. Une majorité des témoins assistent à la scène en silence, en tant que simples spectateurs. Ces élèves silencieux savent très bien dans le fond qu'il s'agit d'une situation d'injustice, dans le cœur ils y sont très sensibles, mais dans les faits ils ont tellement peur que s'ils prennent position auprès de la victime, le meneur s'en prenne à eux par la suite, que bien souvent ils se taisent et se retrouvent à accepter implicitement de par ce silence l'inacceptable.

Dans la même lignée, le rire est aussi une réaction que l'on retrouve assez souvent chez les témoins. Il s'agit là aussi bien souvent d'une réaction qui ne correspond pas forcément à leurs vraies émotions. Le témoin parfois se force à rire. Il comprend que s'il se démarque du groupe, et ne prend pas part aux mêmes réactions que les autres, le meneur va l'identifier comme sa prochaine cible éventuelle.

Ces trois attitudes des témoins ont le même effet : le harcèlement risque de se répéter car le meneur se sent soutenu par les autres s'ils l'imitent, il se sent valorisé et fort s'ils rigolent, et il a le sentiment que c'est « normal » s'ils se taisent.

En revanche, si les témoins prennent position auprès de celui pris pour cible, cela peut faire toute la différence. Certains élèves, pour qui l'injustice est intolérable, osent aller soutenir publiquement celui qui subit, ou encore remettre à sa place le meneur. Ce n'est pas donné à tout le monde. Pour pouvoir jouer ce rôle, il faut être doté d'une confiance en soi importante, d'une solidité intérieure, qui fait que l'on peut agir sans craindre le regard ou le jugement des autres.

C'est une attitude très positive dans le sens où à partir du moment où un élève prend position, les autres, qui n'attendent bien souvent que ça, dans leur for intérieur, auront tendance à se mobiliser auprès de l'élève victime, et si le meneur n'a plus de public, plus de silence consentant, plus de rires, plus de suiveurs, il sera dans une majorité des cas capable de se remettre tout seul en question et de percevoir qu'il est sans doute allé trop loin... Il y a aussi parfois des témoins qui n'agissent pas directement dans la situation, parce qu'ils ont peur d'être « attaqués » par la suite à leur tour, mais qui jouent malgré tout un rôle d'alerte. Ils vont prévenir les adultes de l'établissement, discrètement, et brisent ainsi, à défaut d'agir directement, la loi du silence.

Cela montre bien à quel point il importe de motiver les témoins à réagir dans ce type de situation.

Le simple fait de ne pas rester silencieux, de ne pas rire, peut tout changer.

Culpabilisation de la victime

Si l'enfant victime de ces violences injustes n'est pas soutenu dès le début des agressions, il risque de se renfermer sur lui-même, et de se retrouver piégé dans un cercle vicieux, une spirale infernale. À partir du moment où il se trouve dans une phase de « culpabilisation », il lui est difficile d'en sortir seul.

Quand on est victime de harcèlement, un mot résonne en permanence à l'intérieur de soi : pourquoi ? Pourquoi moi ? On se dit que si l'on est confronté à cette situation c'est forcément qu'on l'a mérité, il y a forcément une raison. Faire du mal à l'autre sans raison, semble bien souvent inconcevable, juste pas possible, pour celui qui subit, il en conclut donc qu'il a forcément fait ou dit quelque chose qui suscite ces méchancetés et violences de la part des autres. Il finit par penser que c'est légitime, normal.

L'enfant victime de harcèlement est bien souvent totalement déstabilisé par cette violence gratuite qui lui tombe dessus, sans raison, du jour au lendemain.

Stratégies

Face aux premières agressions, pour l'enfant ou l'adolescent victime, des stratégies se mettent en place.

Certains enfants tentent au début d'ignorer, de faire comme si « ça leur passe dessus », en espérant que si les autres pensent qu'il n'est pas atteint par ces propos, ils finissent par se lasser et le laisser en paix. Parfois, cela suffit. Parfois, ce silence voulu peut laisser penser aux meneurs et témoins actifs que cet enfant qu'ils agressent ne réplique pas parce qu'il est faible. Ils interprètent ce silence comme une faiblesse, alors même que bien souvent l'enfant en lui-même juge intelligent le fait de ne pas s'abaisser à leur niveau, de ne pas répondre à cette violence gratuite qui n'a aucun sens… Si ça continue, parfois l'enfant change d'attitude et tente de montrer qu'il a du caractère, qu'il ne se laisse pas faire. Il se met à répliquer, à répondre aux mots par des mots. Mais ça ne fonctionne pas, dans la majorité des cas. Les paroles qui sortent de la bouche de l'enfant victime sonnent faux, car dans le fond même si les autres lui font du mal, lui ne souhaite pas faire du mal aux autres. Alors bien souvent, malgré le répondant, la faille de vulnérabilité liée à la première réaction de déstabilisation de l'enfant victime, en l'occurrence le silence, est pointée du doigt par le(s) harceleur(s).

Le harceleur « teste ». S'il ne ressent aucune faille, il change de cible, jusqu'à obtenir la réaction attendue.

On constate que si face aux premières attaques, humiliations, l'enfant a immédiatement la réplique adéquate, ou le réflexe de se confier aux adultes qui l'entourent, cela peut suffire à désamorcer instantanément la situation de harcèlement.

Néanmoins, le plus souvent, la tendance est d'obéir inconsciemment à une certaine loi du silence.

L'enfant victime de harcèlement éprouve de grandes difficultés à exprimer sa situation aux adultes qui l'entourent,qu'il s'agisse de ses proches ou les professionnels de l'établissement.

La peur des représailles, de ne pas être cru ou entendu dans toute sa souffrance, ou encore le sentiment de honte, autant de raisons qui poussent la victime de harcèlement à garder ses terribles souffrances pour elle.

Dans certains cas, et notamment dans le cadre de la propagation d'une rumeur, ou d'une situation de cyber-harcèlement (par exemple photo ou vidéo humiliante ou intime partagée sur les réseaux sociaux), le harcèlement peut très vite prendre de l'ampleur, dans tout un établissement, voire dans toute une ville.

Tout peut être prétexte au harcèlement. On se rend compte que celui-ci est fondé sur le rejet de la différence de l'autre, quelle que soit cette différence. D'un point de vue purement objectif, dans la mesure où nous sommes tous différents, chacun peut donc, à un moment être confronté à ce type de situation. Un enfant peut donc être pris pour cible simplement parce qu'il est un peu plus petit de taille que les autres, ou un peu plus grand, un peu plus mince que les autres, ou un peu plus « fort », parce qu'il a une couleur de cheveux ou de peau différente des autres, des marques de vêtements différentes, parce qu'il a de très bons résultats scolaires ou au contraire parce qu'il est en difficulté… De fait, on ne peut pas faire de profil type de l'élève victime.

En revanche, il est certain qu'une vulnérabilité (quelle qu'elle soit) pourra être la cause du choix du ou des meneurs. Le meneur est souvent doté d'une très grande perspicacité pour ressentir la « faille » chez l'autre, et bien souvent il touche juste, et il touche là où ça fait déjà mal.

Que peut-il bien se passer **dans la tête d'un harceleur** ? Comment peut-on se retrouver à faire du mal, sans raison, à l'autre ?

Naturellement, on ne va pas faire subir aux autres ce que l'on n'aimerait pas subir soi-même.

En fait, celui qui se retrouve dans ce positionnement de « meneur » est bien souvent dans la projection de son propre mal-être sur les autres. Ce sont des enfants qui bien souvent ont vécu des traumatismes (maltraitance, sévices sexuels, deuil…), qui ont intériorisé leurs blessures et leurs émotions, et qui se retrouvent dans un contexte bien précis à évacuer leurs propres blessures sur l'autre, leur victime attitrée. C'est un mécanisme inconscient qui se met en place. Quand ils projettent leur souffrance sur les autres, ils se sentent intérieurement soulagés, libérés. Ils n'ont par conséquent aucune capacité d'empathie. Tant qu'on ne les arrête pas, ils continuent de s'acharner sur leur victime, allant parfois jusqu'à la tuer, ou la pousser à se tuer. Plus l'élève harceleur écrase sa victime, plus il la dévalorise, plus il se sent fort, plus il se sent exister. L'autre pour lui n'est qu'un objet. Si jamais ses actes malveillants sont à un moment perçus par les adultes de l'établissement, il prétexte bien souvent que ce n'est qu'un jeu, que c'est « juste pour rire ». Tant que personne ne remet en question son attitude, il continue. Dans ce même fonctionnement, ou plutôt dysfonctionnement, il n'est pas rare qu'un élève victime de harcèlement passe par la suite de l'autre côté et devienne harceleur. Cela arrive quand l'enfant qui subit s'enferme dans le silence, encaisse ses émotions négatives. À un moment, pour ne plus subir, la seule solution qui s'offre à lui est « d'attaquer avant d'être attaqué ». Il reproduit alors sur l'autre une violence qu'il connaît par cœur.

Pratique – harcèlement : comment le détecter et que faire ?

Les premiers signes d'une souffrance à l'école sont souvent la perte d'appétit au petit-déjeuner – due à la boule au ventre – et les attaques de panique à chaque retour de vacances ou le dimanche soir. Plus généralement, un enfant qui change de comportement (agressivité, troubles du sommeil, tristesse, dépression, repli sur soi, utilisation intensive de jeux vidéo, scarification) ou dont les résultats scolaires chutent brutalement doit attirer l'attention. Un signe fréquent plus spécifiquement de harcèlement concerne la perte ou le vol d'affaires.

Pour savoir ce qui se passe, posez des questions précises. Demandez à votre enfant si quelqu'un l'embête à l'école. Utilisez un film ou un livre pour aborder le sujet. Par exemple, en disant : « On rediffuse *Marion, 13 ans pour toujours* à la télé ce soir, tu veux le regarder avec nous ? »

Cela ne suffit pas toujours. Il faut tenter de « lire entre les lignes » quand l'enfant a un comportement inhabituel :

Ne pas hésiter à voir un psychologue qui aidera à mettre des mots sur la situation.

Interroger aussi les enseignants, les parents délégués, les meilleurs amis ou leurs parents. Utiliser alors une communication douce : « Je suis très ennuyé de ce que j'ai appris, j'aimerais qu'on puisse faire le point entre adultes car je ne sais pas comment comprendre ce que mon enfant m'a rapporté. Je voudrais avoir votre aide. »

À son enfant, il faut dire que l'on va rencontrer les adultes et qu'on le tiendra au courant. Il faut se garder de promettre vengeance et surtout il faut éviter autant que faire se peut de régler la situation par soi-même auprès du harceleur et *a fortiori* de ses parents, car cela risque d'envenimer la situation et de voir s'étendre le harcèlement. Par ailleurs, cela envoie à l'enfant un message qui légitime l'intimidation, ce que l'on veut précisément éviter.

Si les parents ne se sentent pas écoutés ou s'ils perçoivent un parti pris à l'encontre de leur enfant, il faut contacter le rectorat et demander la cellule qui s'occupe du harcèlement. Ces personnes peuvent intervenir pour soutenir une équipe en difficulté ou servir de médiateur. Elles ont reçu une formation spécifique et gèrent les formations sur le territoire de l'académie.

- Demandez de l'aide. Il existe un numéro d'appel national, le 3020.
- Essayez de mettre vos émotions de côté quand votre enfant vous parle de son harcèlement. Demandez-lui ce qu'il veut que vous fassiez et tenez-en compte. Demandez-lui aussi ce qu'il pense pouvoir faire pour que le harcèlement cesse : il peut très bien avoir des idées à ce sujet.

- Ne culpabilisez pas votre enfant. N'importe quel élève peut être harcelé au cours de sa scolarité. Ne lui dites pas : « Si tu te faisais des copains, ça n'arriverait pas », ou « t'aurais dû l'ignorer, c'est tout ».
- Soulignez les choses positives qu'il a faites en situation de harcèlement. Dites-lui, par exemple : « Je te félicite d'avoir gardé les preuves » ou « c'est bien d'avoir alerté ».

Ressources: http://anti-bullying.over-blog.fr
https://generaction-solidaire.fr

Témoignages de parents

« À son entrée en quatrième, au bout de quinze jours elle est devenue triste, chose que je ne connaissais pas venant de ma fille, elle mangeait moins, devenait agressive, elle avait changé sa façon de s'habiller, toujours en jean avec un long gilet, mal-être dans son corps. Elle pleurait facilement. »

« Repli sur soi… envie subite de ne plus manger à la cantine, sinusites et entorses à répétition, difficulté à se lever le matin, notamment certains jours correspondant à des cours où cela se passait particulièrement mal. Problème d'estime de soi, conviction d'être horrible physiquement, difficultés à s'habiller (on va se moquer de moi). »

« Mon fils est devenu très colérique et agressif envers lui-même et moi, ne mangeait plus, avec des maux de ventre et constipation. Il voulait se jeter par la fenêtre. Il me disait toujours qu'il ne supportait pas ma séparation d'avec son père quatre ans plus tôt. »

« Pour ma fille c'est d'abord elle qui a minimisé. C'est juste une fille qui l'embêtait. Et c'est devenu récurrent. Des remarques sur ses habits, à chaque fois qu'elle intervenait en classe. Elle en parlait très peu. Et puis un jour, à table, c'est venu comme un cri du cœur : “Oh, j'en ai marre d'… ! Elle n'arrête pas de me faire des remarques !” Et là, elle raconte. Elle n'avait pas réalisé mais d'un coup, ça a percuté. »

Vulnérabilité : conséquence ou cause du harcèlement ?

Dr Camille Benoit,
psychiatre d'enfants et d'adolescents, fondatrice de psyadom.com

Flora Aubertin,
psychologue, psychopédagogue, psyadom.com

I. Introduction

Connaître l'agression, punir le « bourreau », rassurer la « victime » : trois réactions face au harcèlement scolaire. La première est souvent tardive, la (les) agression(s) physiques ou verbales étant portée(s) à la connaissance des adultes des jours, semaines, mois, années plus tard. Il est rare que les adultes assistent à ces scènes de harcèlement se jouant à l'abri des regards.

Les signes de souffrance induite par ces violences répétées sont parfois imperceptibles ou mal compris : maux de ventre, maux de tête, évitement de la cour de récréation, de la cantine, de l'école, chute des résultats scolaires, irritabilité, violence réactionnelle… Ces signes de souffrance sont adressés à qui voudra bien / pourra les entendre, les comprendre.

Ces différents symptômes motivent des rencontres multiples avec les adultes : les parents en premier lieu, le médecin généraliste face aux symptômes physiques, le professeur principal, directeur d'établissement, conseiller d'orientation face à la baisse des résultats ou à l'absentéisme, le psychologue face aux pleurs, à l'isolement, à l'angoisse, aux difficultés d'endormissement.

Ces signes soulèvent interrogations et perplexité chez ces interlocuteurs car l'élève est souvent craintif d'en dire plus, de livrer son secret : la violence (physique ou verbale) qu'il subit de manière répétée à l'école.

II. Problématique(s)

La crainte des représailles

Crainte d'en dire plus par peur de représailles, de la majoration de la violence qu'il pourrait endurer si son « bourreau » venait à apprendre qu'il a « cafté », qu'il a été dénoncé. Dans la cour de récréation, il convient de se défendre seul, « comme un homme ». Cette loi implicite hante l'élève harcelé et pérennise le harcèlement.

Pourquoi cette loi s'applique-t-elle pour un élève et non pour un autre ? Voici une première énigme qui se pose. Car chaque élève n'entend pas les choses ainsi. Certains n'hésitent pas à chercher l'aide des adultes lorsqu'ils subissent une humiliation ou violence de la part d'un autre élève ou lorsqu'ils assistent à une agression. Pour ceux-là, la loi implicite (et explicite) est que l'autre ne doit pas nuire, qu'il se doit de traiter ses camarades comme il aimerait qu'on le traite lui. Celui qui enfreint cette loi doit être dénoncé à l'adulte qui se chargera de convoquer l'élève pour le rappeler à l'ordre et parfois poser des sanctions…

La culpabilité

Crainte également d'en dire plus par peur de faire de la peine, d'inquiéter, d'alourdir la charge d'un parent. Cela constitue une deuxième énigme. Car chaque élève ne se trouve pas empêché ainsi de solliciter ses parents. D'autres raconteront sans réticence, dès le retour à la maison, leur mésaventure avec tel ou tel élève. Comment s'opère ce retournement ? Qu'est-ce qui peut causer cet inversement générationnel où c'est l'enfant qui est en place de préserver et de protéger l'adulte, au détriment de son propre bien-être ?

Le manque de confiance en l'adulte

Crainte également que l'adulte soit incapable de lui venir en aide. Cela constitue une troisième énigme. Car chaque élève ne doute pas ainsi du secours que les adultes pourraient lui apporter. D'autres se tourneront sans difficultés vers le surveillant, vers un enseignant, un parent, pour demander de l'aide, demander à ce qu'on le protège.

Les réponses à ces énigmes sont à rechercher du côté de l'élève qui subit le harcèlement, mais parfois également du côté de la dynamique familiale ou de l'histoire personnelle des parents. Nous y reviendrons.

Une multitude d'enjeux

D'autres énigmes se posent face à ces situations de harcèlement. Pourquoi cette victime plutôt qu'une autre ? Certains traits de caractère d'un élève peuvent-ils susciter ou précipiter sur lui l'agressivité, la violence d'un camarade ? Qu'est-ce qui pousse un élève à nuire de manière répétée à un autre ? Et surtout, qu'adviendra-t-il de ces élèves ? De la victime ET du bourreau ? Quelles traces laisseront ces agressions ?

Des enjeux diachroniques

Le harcèlement scolaire soulève des problématiques diachroniques : comment y répondre dans l'immédiat ? Quelles conséquences à long terme et comment les prévenir ? Quelles problématiques antérieures peuvent être révélées par le passage à l'acte de l'agresseur ou par la réaction ou l'absence de réaction de la victime ? Ainsi, se pose la question du présent, mais également du futur et des problématiques antérieures jusque-là restées muettes ou peu perceptibles.

III. Avertissement

Nous ne reviendrons pas sur les chiffres, la définition, les mesures préventives du harcèlement. Nous ne chercherons pas non plus à dresser un tableau exhaustif des conséquences à long terme du harcèlement pour la victime ou pour l'agresseur, ni à lister l'ensemble des facteurs pouvant prédisposer à ces situations. Nous tenterons de soulever quelques pistes de réponse en nous référant à notre expérience clinique issue de l'accompagnement des élèves (et de leurs parents) ayant été victimes de harcèlement, ou ayant eux-mêmes « agressé » d'autres élèves. Les « vignettes cliniques » de cet article s'inspirent de faits réels mais toute ressemblance avec la situation d'un jeune serait fortuite, cet article n'ayant pas pour objet de décrire un cas clinique en particulier.

IV. Conséquences au long cours du harcèlement

Concernant les conséquences au long cours du harcèlement scolaire, on observe pour certains de véritables tableaux post-traumatiques avec reviviscence, cauchemars, appréhensions anxieuses envahissantes entravant le quotidien de l'élève et l'empêchant parfois de se rendre en cours. Il arrive également d'observer un effet prolongé du harcèlement sur la relation à l'autre. Dans certains cas, apparaît une grande inhibition pouvant aller jusqu'à de véritables tableaux de phobie sociale. Le sujet craint de manière généralisée la critique, le rejet des autres, se sent persécuté par la présence des autres. Il craint de sortir dans la rue, envahi par l'idée de ne pas être comme il faut, de porter une différence quelconque qui pourrait interpeller les passants, qui pourraient penser du mal de lui ou lui être hostiles. Pierre Mâle, pédopsychiatre, parle « d'extensions en taches d'huiles », l'angoisse fait intrusion dans des champs multiples du quotidien (à l'école, dans la rue, lors des activités extrascolaires, etc.).

Parmi les conséquences au long cours, sur le comportement de l'élève et sa perception des autres, nous choisirons d'aborder celles qui s'inscrivent dans des problématiques diachroniques : une fragilité antérieure de l'élève, non perçue ou mal perçue jusqu'alors est révélée ou majorée par la situation de harcèlement.

Fragilité narcissique, trouble de l'attachement et bénéfices secondaires

Henri est un jeune scolarisé en sixième. Il présente des difficultés anciennes engendrées notamment par des troubles des apprentissages (dyspraxie et trouble déficit de l'attention avec hyperactivité). Les difficultés d'Henri ont été présentes dès la rencontre avec l'école et la collectivité. Depuis la maternelle, il est repris par ses enseignants du fait de son agitation, de son inattention, de son impulsivité, de la mauvaise tenue de ses cahiers : « Fais des efforts, cesse de bouger, arrête de bavarder, tu peux mieux faire… ». Ses interactions avec ses camarades sont maladroites : il leur coupe la parole, n'attend pas son tour dans les jeux, s'emporte, commet des bourdes, peine à rattraper la balle sur le terrain de basket…

La désapprobation, la critique, parfois même le mépris qu'il rencontre, et ce de manière répétée, dans le regard de certains adultes et élèves ont inexorablement affecté son estime de soi et sa confiance en soi. Fragilisé en son for intérieur, il tente, tant bien que mal de donner le change. Il bombe le torse, tente maladroitement d'attirer l'attention, de donner à tout prix une image forte de lui-même, de ne surtout pas renvoyer une image faible. Pourtant, cela est fait avec tant de maladresse qu'il en paraît d'autant plus fragile. Surtout, cette manière de sur-jouer, ce manque d'authenticité l'éloigne des autres et l'empêche de nouer de véritables amitiés.

Henri développe, au fil des années et des expériences un style d'attachement « insécure » à l'autre. Il est mal à l'aise, peu en confiance, en difficulté pour s'affirmer, pour partager ses émotions. Il se construit en « faux-self », se cache derrière une carapace fabriquée de bric et de broc. Il s'agrippe à la présence des adultes, à leur « colonne vertébrale », n'ayant pu en développer une pour lui-même. Sans eux, il s'effondre. N'ayant noué de véritable relation avec ses pairs et ne pouvant véritablement s'identifier à ses camarades, il reste dépendant des adultes.

Par le truchement de ses difficultés scolaires (troubles des apprentissages), il bénéficie d'une attention toute particulière des adultes : des aménagements scolaires sont mis en place, des réunions scolaires lui sont consacrées. Il occupe également une place particulière dans sa fratrie, ses parents lui consacrant beaucoup de temps pour lui venir en aide dans ses apprentissages et pour le conduire à ses différents rendez-vous (orthophoniste, psychomotricienne…). Toute cette présence adulte est bien rassurante pour Henri, pourvu qu'elle dure !

Mais ces difficultés instrumentales (difficultés attentionnelles et graphiques) qui le handicapent dans son travail scolaire font écran et occultent une souffrance bien plus profonde : sa fragilité narcissique et sa difficulté à nouer des relations sincères avec ses pairs.

L'année de sixième, quelques élèves se moquent de lui, des moqueries malheureusement banales dans les cours de récréation, que la plupart des élèves arrivent à juguler seuls. Henri, tant habitué à ce que les adultes l'assistent, à ce qu'ils compensent ses difficultés, et si incapable de se défendre seul en raison de son terrible manque de confiance en lui sur-réagit.

Pas sur le coup face aux jeunes lui ayant mal parlé, mais le soir même, en rapportant de manière bien exagérée les faits à ses parents. Ceux-ci, inquiets depuis toujours pour leur fils, du fait de ses difficultés, de ses différences, sur-réagissent à leur tour et convoquent immédiatement un rendez-vous auprès du directeur. Le directeur se décharge de toute responsabilité, les invite à porter plainte s'ils le souhaitent. S'ensuit des échanges, rencontres, procédures sans fin entre parents et directeurs, enseignants, etc. On ne parle plus que de ça, leur attention, déjà bien orientée vers Henri l'est davantage encore. On s'inquiète, on interroge, on rassure, on cajole, etc. On finit par punir les « coupables », une fois, deux fois, trois fois. Toute l'attention des adultes est centrée sur Henri. Comment l'aider, le protéger, réparer l'incident, prévenir toute prochaine agression ?

Ces réactions des parents sont tellement naturelles et légitimes, mais finalement, elles ne font que renforcer la dépendance d'Henri à l'adulte. Cela ne fait que conforter Henri dans sa sollicitation systématique des adultes face à la moindre difficulté. Cela ne fait qu'empêcher davantage Henri de s'individualiser, de s'autonomiser, de grandir, de s'affirmer, de se défendre. Ces réactions constituent dans notre jargon des « bénéfices secondaires », nos bêtes noires car elles ne font que majorer le mal-être initial du sujet. Ici, le bénéfice secondaire est la surprotection et la présence excessive des adultes.

Le « bénéfice primaire », lui, viendrait répondre au réel besoin d'Henri. Quel est-il ? Restaurer son estime de soi, sa confiance en soi, lui permettre de se montrer authentique en se confrontant à ses maux les plus profonds : il se sent nul, différent, craint d'être rejeté et peu estimé. Pour cela, il conviendrait non pas de le surprotéger mais de l'amener à confier son vécu, sa souffrance, ses angoisses. L'amener à les partager et à faire l'expérience positive que l'on peut se livrer tel qu'on est, être entendu par l'autre, sans susciter son rejet. L'amener à éprouver que les émotions qu'il ressent sont profondément humaines, partageables, que chacun peut les rencontrer à un moment de son existence. L'amener finalement à se sentir moins seul. Que le monde n'est pas binaire, divisé entre les forts et les faibles.

Accepter cela, pouvoir confier avec sincérité et authenticité ses faiblesses est le préalable nécessaire à la possibilité de nouer des amitiés et relations de confiance solides. Sans cela, Henri restera seul contre tous, n'ayant d'autres recours face aux petites agressions ou méchancetés que la revendication et la dénonciation. Sans cela, il pourrait devenir plus tard un adulte procédurier, faisant appel aux autorités face au moindre incident relationnel, incapable de se défendre seul ou de bénéficier du soutien de son entourage proche pour accepter ces tracas du quotidien et passer à autre chose.

Un autre écueil de cette représentation d'un monde binaire, divisé entre les faibles et les forts est de basculer d'un camp à l'autre. De basculer de victime à bourreau. Sans travail sur cette représentation, Henri pourrait tout à fait devenir bourreau à son tour. Il est fréquent, lorsque l'on reçoit des jeunes faisant preuve de réactions violentes vis-à-vis de leurs pairs, d'apprendre qu'eux-mêmes ont subi des violences et qu'eux-mêmes ont peu confiance en eux et en les autres. Ils se défendent de leur sentiment de solitude et de vulnérabilité par des attitudes de prestance, par des rapports de force, se rassurant et se galvanisant d'avoir mis l'autre à terre. Cela leur donne l'illusion alors d'être plus fort, inattaquable.

Punir le bourreau et rassurer la victime certes, mais attention aux bénéfices secondaires, attention à ne pas renforcer la dépendance d'un élève fragile aux adultes. Interroger si le jeune sera à même à l'avenir de se défendre ou de se débrouiller par lui-même pour faire face aux petites attaques de la cour de récréation qu'il sera amené également à rencontrer dans la cour des grands lorsqu'il sera adulte (au travail, dans la rue, dans son voisinage…). En somme, lui apprendre à relativiser et à dépasser les conflits.

Cette vignette clinique éclaire de quelle manière la réaction des adultes face au harcèlement peut constituer un bénéfice secondaire et renforcer une difficulté antérieure. Attention, notre intention n'est pas de dire qu'il ne faut pas protéger, réagir et réconforter ces élèves victimes d'agression. Mais qu'il convient toujours de rechercher ce type de fragilité (fragilité narcissique, difficulté à s'affirmer…) et de proposer alors un accompagnement centré sur cette difficulté.

Dynamique familiale, histoire parentale et réaction de l'élève face au harcèlement

> Accident : « Événement fortuit qui a des effets plus ou moins dommageables pour les personnes ou pour les choses. » (https://www.larousse.fr/dictionnaires/francais/accident/431)

Il arrive d'être au mauvais endroit au mauvais moment : le sujet rencontre « par accident », « par hasard », une conjoncture malheureuse qui cause une blessure physique, morale pouvant être accompagnée de séquelles.

Certains élèves, lors de leur scolarité subissent l'agressivité verbale ou physique d'autres élèves : insultes, moqueries, rumeurs, coups (plus ou moins intenses), offenses. Cela peut être tout à fait accidentel : l'élève n'est pas visé en soi parce qu'il l'aurait suscité, par une différence, par ce qu'il peut renvoyer d'inquiétant. Mais il se trouve là, en cet instant seul et ainsi vulnérable, au mauvais moment, et il subit l'agression d'un autre élève agissant seul ou accompagné de ses acolytes. Cette agression lui « tombe dessus », comme elle aurait pu tomber sur un autre élève.

La réponse de l'élève va déterminer en partie la pérennisation ou non de l'agression. Nombreux jeunes sont en mesure de se défendre assez naturellement : ils vont répondre, ou solliciter un adulte afin que le jeune lui ayant causé du tort soit convoqué, repris, voire puni. Dans la majorité des cas, cela suffit à ce que la situation en reste là. Mais d'autres élèves, plus fragiles, ne vont pas être en mesure de réagir ou ne vont malheureusement pas réussir à solliciter ou obtenir l'aide des adultes. Ces élèves deviennent alors une proie facile. Il sera possible de les attaquer à nouveau puisque cela fut sans conséquence. Cette absence de réponse, de la part de l'élève ou des adultes fait le lit du harcèlement : agression dirigée vers un même élève, intentionnelle et répétée dans le temps.

Certains jeunes craignent de solliciter l'adulte alors que la situation le nécessite. Ils craignent la réaction des adultes. Certains, notamment, craignent d'être un poids ou de faire du mal à leurs parents. Ici se condensent alors toutes les attentes et les idéaux que l'enfant souhaite réaliser pour ses parents et plus largement les adultes qu'il estime. Il ne veut pas les décevoir, veut leur offrir une belle image, masquant pour cela ses blessures.

Il s'agit par exemple d'élèves dont l'un des parents a eu une enfance douloureuse, ayant lui-même vécu l'agression, la trahison, le rejet de camarades de classe. Il se peut que ce parent se fasse la promesse formelle, en son for intérieur, que cela n'arrivera pas à son enfant. Jamais il ne vivra cela, il sera heureux à l'école et avec ses camarades, il n'en sera pas autrement. Dans leurs formulations, leurs paroles, cette nécessité devient une injonction : « C'était bien l'école ? » « Tu t'es fait plein de copains? » Dans leur bouche, ces questions ne sont pas des interrogations mais des injonctions. Si leur enfant devait montrer des signes de mal-être ou relater un incident, ils dégainent un « c'est rien, ça ira mieux demain ». En somme, pas de place pour le mal-être ou la souffrance, seul le positif peut être entendu. Or cela, même si porté par une intention bienveillante de souhaiter ardemment le bonheur de son enfant, constitue une immense privation. La privation d'être entendu, écouté lorsque ça ne va pas. La privation de pouvoir confier ses chagrins. Les enfants de ces parents comprennent très vite qu'ils n'ont le droit qu'au bonheur et que le malheur est tabou. Le malheur devient coupable, transgression à cette loi implicite, cette injonction de « tu seras heureux mon enfant ».

Dans ces situations, l'aide apportée doit être double. D'une part, une aide, un soutien au parent souffrant des conséquences au long cours de violences passées l'ayant durablement marqué. D'autre part, soutien à l'enfant, par un tiers, un psychologue, l'infirmière scolaire, un adulte, qui pourra lui offrir un espace où il pourra partager ses chagrins, ses tracas, sa souffrance.

Il s'agit d'un besoin primaire, au sens de primordial, pour tout un chacun, de trouver autour de soi des « petits autres secourables » : camarades, parents, frère, sœur, enseignant, nounou, grand-parent, infirmière scolaire… un ou des autres en qui il peut avoir confiance, par lesquels il peut se sentir entendu, compris, avec lesquels il peut partager ses émotions sans craindre de nuire. Ces petits autres que l'on finit par porter en soi, auxquels on peut penser lorsqu'on fait face à l'adversité. L'expérience renouvelée de cette demande d'aide permettra l'introjection d'un bon objet secourable et garantira, pour le futur de l'élève, une meilleure posture face à de futurs conflits, mais également une transmission de cette relation de confiance lorsque lui-même deviendra parent.

Conclusion

Connaître l'agression, punir le « bourreau », rassurer la « victime » : trois réactions face au harcèlement scolaire. Il est nécessaire également de rechercher chez l'élève agressé ET chez l'élève ayant agressé des signes de souffrances antérieures, plus profondes, qu'il s'agisse de fragilités narcissiques, d'un manque de confiance en soi, d'une dépression latente empêchant le jeune de se défendre ou de partager son vécu douloureux ; ou qu'il s'agisse de fragilités intrafamiliales empêchant l'élève de se confier à l'adulte et de solliciter son aide.

Car prendre en compte la situation de harcèlement sans prendre en compte ces fragilités plus structurelles ne serait que traiter la face immergée de l'iceberg. Sans cela, les difficultés antérieures risquent d'être majorées, rendant l'élève d'autant plus vulnérable et augmentant alors la probabilité qu'il subisse à nouveau une situation de harcèlement.

Cela fait écho au travail dans lequel nous sommes engagés au sein de Psyadom. Bien que notre objet soit le scolaire : accompagner les élèves, individuellement ou en groupe, vers l'autonomie dans leur vie d'élève ; notre manière de procéder résonne avec ces situations sus-citées. Par un soutien des capacités réflexives des jeunes, les amener de manière authentique et sincère à reconnaître leurs fragilités, leurs difficultés, les freins qui les empêchent d'être libres et de s'affirmer dans leurs apprentissages ou dans leurs relations aux autres. Cette démarche réflexive, ce « connais-toi toi-même » est un préalable nécessaire pour ensuite solliciter l'aide d'un autre. Prenons le cas d'Henri, s'il avait pu reconnaître et verbaliser sa souffrance (j'me sens nul, j'ai honte de moi, j'vaux moins que les autres...), s'il avait pu partager ces ressentis avec les adultes qui l'entourent, peut-être aurait-il trouvé une écoute bienveillante, rassurante qui aurait pu ensuite le conduire à accepter l'aide d'un parent, d'une infirmière, d'un psychologue... La démarche réflexive, qu'il s'agisse d'introspection (quel est mon vécu) ou métacognitif (quel est mon fonctionnement dans les apprentissages), est à soutenir afin de permettre à chaque jeune de trouver ensuite l'aide et les stratégies pour dépasser ses difficultés et se relever après un échec ou une situation difficile.

Témoignage 5 – Pierre – 26 ans

Les faits

Le harcèlement que j'ai subi est particulier. Je considère avoir subi des réflexions pendant l'intégralité de ma scolarité. Néanmoins, c'est au collège que cela a commencé. En fait, au début, lorsque j'avais 11 ans, j'ai sympathisé avec une élève. Puis, petit à petit, un groupe s'est formé et deux ou trois autres élèves nous ont rejoints. Je subissais déjà des coups gratuits. Le jeu consistait à montrer un « zéro » à son interlocuteur puis à dire « demande pardon », et, dans tous les cas, on me tapait sur l'épaule, suffisamment fort pour que cela provoque un bleu.

Je n'étais pas très studieux, mais j'avais aussi quelques difficultés dans différentes matières scolaires. Un jour, j'ai vu un redoublant refaire les mêmes cours. Alors j'ai décidé de changer de collège. Donc en fait, de la sixième à la quatrième, cela allait à peu près malgré tout.

C'est quand j'ai commencé à faire une deuxième quatrième, que j'ai changé à nouveau de collège, que tout a empiré. « T'es moche », « Tu pues », « Casse-toi. » C'est le refrain que j'entendais chaque jour.

J'ai 26 ans aujourd'hui et je parle d'une période qui me paraît lointaine. Je pense que j'en ai tellement souffert que par la suite, mon inconscient a tout fait pour enfouir ces souvenirs. C'est pour cela qu'il peut y avoir beaucoup de zones d'ombre dans mes souvenirs, ce qui peut parfois être particulièrement frustrant. Aussi, parfois, j'essayais de travailler pendant certaines pauses (je ne sais plus pourquoi). Certaines personnes venaient, jetaient mes feuilles par terre et repartaient en courant. Les moqueries et réflexions injustes et désagréables étaient fréquentes. Certains cherchaient à regarder par-dessus les WC, puisque les cloisons n'allaient pas tout en haut. J'essayais souvent de m'inclure dans un groupe. Je finissais toujours par être mis à l'écart. Peu importe ce que je disais ou ce que je faisais, je recevais souvent, trop souvent, des moqueries, gratuitement.

Je n'allais pas à l'école la boule au ventre. Je connaissais le terme « souffre-douleur », et j'étais sûr d'en être un. Par contre, je pensais vraiment que si c'était ce qui m'arrivait, je le méritais très certainement. On cachait mon sac, me faisait croire qu'il se trouvait dans les toilettes des filles, me comparait à un crapaud, me faisait des croche-pieds…

En première et en terminale, on m'a jeté des boulettes de papier dans la tête. Néanmoins, je me sentais « mal » pour d'autres raisons, et j'ai encore moins de souvenirs que pour le collège malheureusement.

Il me faut préciser quelque chose pour la période du collège : j'ai essayé d'en parler à mes parents mais je n'ai pas obtenu la réponse que j'attendais. Alors je me suis renfermé sur moi-même.

Les conséquences sur le long terme : *en troisième, j'ai eu des idées noires. Une phrase résonnait néanmoins dans mon esprit : « Accroche-toi encore à la vie, et vois ce qu'elle te réserve. »*

C'est pour cela que j'ai tenu, il s'agit peut-être de l'instinct de survie. Le manque de confiance en soi que l'on peut avoir à l'adolescence perdure encore dans l'âge adulte. De plus, trop souvent, je ne peux m'empêcher de rentrer dans un état de stress dès que je vois un groupe de jeunes. En seconde, j'ai eu une amie. Malheureusement, je n'ai pas su accueillir son amitié comme j'aurais dû. Je pense qu'à cette époque, après avoir subi autant de moqueries, de violences verbales et de harcèlement, je n'étais pas lucide. J'ai perdu pied avec la réalité, ce qui m'a fait avoir des comportements que je n'avais pas à avoir.

J'ai aussi développé une dépendance affective. Je pense aujourd'hui que c'était très lié au harcèlement scolaire mais je ne sais pas comment l'expliquer davantage. Je crois qu'une des pires conséquences, c'est aussi que j'ai mis très longtemps à m'accepter physiquement. Encore aujourd'hui, ce n'est pas facile. Le fait de recevoir des « T'es moche » tout le long de ma scolarité, m'a amené à détester ce à quoi je ressemblais. Ensuite, la plupart du temps, je vais avoir tendance à rester en retrait, sauf exception, parce que je ne suis pas vraiment à l'aise quand je dois être dans une situation de groupe, même si j'en suis tout à fait capable.

Comment je m'en suis sorti ?

Au milieu de l'année de terminale, j'ai appelé ma grand-mère. Je lui ai dit : peu importe que j'aie le bac ou non. Je vais jusqu'au bout de l'année, mais dans tous les cas, j'arrête l'école. J'avais 19 ans. En fait, je n'en pouvais plus. Je n'ai pas cherché d'emploi dans l'immédiat. J'avais terriblement besoin de me retrouver. Je n'ai jamais repris l'école depuis, mais j'ai fait différentes formations, différents stages… Comme les groupes sont plus restreints, cela se passe mieux. Je ne dirais pas que je m'en suis sorti : j'ai juste arrêté l'école.

Parfois je regrette d'avoir arrêté, parce que je n'ai pas eu le baccalauréat, et que, bientôt, je vais peut-être tenter d'obtenir le DAEU pour rentrer à l'IRTS (Institut régional du travail social). Si j'avais obtenu le bac, j'aurais pu tenter directement d'intégrer l'IRTS.

Témoignage 6 – Emma – 25 ans

C'était en troisième. Je venais de faire mon entrée dans un nouveau collège, mes parents m'ayant enlevée de l'établissement privé où j'étais pour des questions de distance. Ma mère ayant demandé une dérogation, le collège de mon secteur n'étant « pas fréquentable », je me suis retrouvée dans la classe des « hors secteur », en somme une autre fille et moi, puis l'ensemble des élèves qui avaient été virés des autres collèges…

Le changement de climat fut brutal pour moi car les codes n'étaient plus les mêmes.

J'ai toujours été différente déjà de par le fait que j'étais mature pour mon âge et ne m'intéressais pas aux mêmes choses. J'ai toujours pris l'habitude de m'adapter pour me « fondre dans la masse » et ne pas être embêtée. Si dans le collège privé où j'étais, il fallait être à la mode et « la popularité » s'appuyait sur la réputation de la famille, dans cette classe-là c'étaient les éléments perturbateurs qui régnaient. Dès le début, je me faisais remarquer parce que les cours m'intéressaient, que j'avais souvent les réponses aux questions des profs, que le jogging n'était pas ma tenue habituelle et que les soirées alcoolisées ne m'intéressaient pas du tout. Je me fis rapidement quelques « amies » (qui se moquèrent de moi également par la suite et même pire que les autres). Mon erreur, fut de me faire draguer par le garçon qui intéressait la « leader » de classe. À partir de là, ce fut l'enfer pour moi... Elle lança une rumeur comme quoi j'aimais les filles. Je devins l'attraction pour toute ma classe et même l'ensemble des troisièmes... J'avais une boule au ventre en arrivant le matin à l'école... le soir je ne mangeais plus et j'anticipais le lendemain... les pires moments étaient de passer au tableau car j'entendais les moqueries et les blagues, j'étais à la merci de la classe et ne pouvais pas me cacher ; les cours d'EPS ou le changement dans les vestiaires étaient une torture. J'étais soit dispensée (je suppliais mon médecin en ne lui disant bien sûr pas la vérité), soit je me changeais avant pour ne pas y aller ; enfin la cantine, car je ne savais plus avec qui manger, j'étais infréquentable et manger seule entraînait des moqueries « sans amis »... le moindre de mes gestes était commenté et moqué. Cela est ensuite allé jusqu'à la bousculade avec l'ensemble de la classe en rond qui rigolait autour.

J'ai supplié mes parents de me changer de collège mais ma mère, qui ne prenait pas vraiment conscience de la chose, car j'en cachais une partie par honte, me disait qu'il ne fallait pas fuir mais plutôt affronter les problèmes. Ma mère alla quand même plusieurs fois voir le principal... qui convoquait alors les élèves ou les délégués (qui étaient eux-mêmes harceleurs) et le cauchemar empirait... J'ai tenu jusqu'à la fin de l'année. J'ai eu mon brevet. J'ai cependant redoublé et cela m'allait bien car je ne voulais pas être avec eux au lycée (bien qu'une grosse minorité n'y soit jamais allée). J'ai eu la chance lors de ma seconde troisième de me lier d'amitié avec un garçon très « populaire » qui me « protégeait ». À partir de ce moment-là je n'étais plus moi et me cachais derrière un rôle d'une fille « superficielle » qu'on n'embêterait pas et ça a marché jusqu'à la terminale… j'étais cependant malheureuse car pas moi-même… mes relations étaient toutes superficielle et fausses… heureusement j'avais de vrais amis à l'extérieur à qui je ne parlais jamais de tout ça, par honte. Globalement, cela a créé en moi des blessures et des peurs dont j'ai eu du mal à me débarrasser même adulte : peur du regard des autres, peur qu'on ne m'aime pas, paranoïa (dès que j'entendais des chuchotements, j'avais une boule au ventre de peur qu'on parle de moi), peur des transports en commun (car cela me rappelle les moqueries dans le bus), manque de confiance en moi et envers les autres…

Les problèmes se sont réglés avec le supérieur où j'ai pu être moi-même et me faire plein d'amis. J'ai ainsi à ma grande surprise pu aller jusqu'au Master 2 réussi avec mention, moi qui pensais détester l'école et que jamais je n'irais si loin !

Je suis cependant toujours mal à l'aise avec les groupes de jeunes au début et j'arrive toujours avec une boule au ventre et un pas très timide.

Aujourd'hui, je suis dans les forces de l'ordre et je pense que cela est lié, car d'une certaine manière j'ai envie de protéger les personnes qui subissent toutes formes de violences. L'uniforme me donne également une force, comme s'il me protégeait, quand je le porte et que je suis en service, je n'ai pas peur des gens car je représente une fonction, elle me donne de l'assurance et me permet de reprendre confiance en moi.

J'ai également travaillé en soutien psychologique à aider les gens à se relever après des chocs traumatiques ou des violences (harcèlement (dont scolaire), discrimination, viols…) et d'une certaine manière cela m'a beaucoup aidée.

J'aimerais aujourd'hui m'investir plus précisément dans ce domaine-là en trouvant une association spécialisée dans laquelle être bénévole. J'ai pu voir l'effet bénéfique sur les victimes d'avoir un soutien psychologique, même si cela prend beaucoup de temps car nous devenons pour eux une sorte d'ami. Les interventions en milieu scolaire m'intéressent aussi beaucoup pour sensibiliser les personnes à ce sujet.

J'avais cependant participé quand j'avais 20 ans, en observatrice à une intervention dans un lycée sur ce thème-là et ce qui m'avait frappée, c'est qu'on pouvait tout de suite voir qui était harcelé dans cette classe… je me suis vraiment sentie très impuissante…

Partie 2

Conséquences – stress post-traumatique

Elle ne s'était pas rendu compte
du poids de son boulet
avant de s'en sentir délivrée.

Nathaniel Hawthorne –
La Lettre écarlate

Témoignage 7 : Jasmin Roy – 53 ans

En 2010, je lançai la Fondation Jasmin Roy Sophie Desmarais, un organisme canadien sans but lucratif ayant pour mission de lutter contre les violences scolaires.

Depuis, ma réflexion et mon engagement me poussent désormais vers les solutions éducatives et durables à mettre en place dans les écoles afin de créer des milieux positifs et bienveillants. Selon un rapport publié le 6 septembre 2018 par l'UNICEF, près de 150 millions d'élèves âgés de 13 à 15 ans à l'échelle mondiale déclarent avoir subi de la violence par leurs pairs à leur école et/ou dans ses environs. Il a été démontré que la moitié des jeunes qui sont exposés aux violences scolaires, que ce soit comme victimes ou agresseurs, auront des problèmes de santé mentale à l'âge adulte. Plus que jamais, les écoles doivent investir sur les mesures éducatives permettant aux jeunes de développer leurs compétences émotionnelles et relationnelles afin de créer des milieux positifs, égalitaires et bienveillants pour tous.

Nos sociétés modernes doivent mettre un terme à ces manifestations de haine et de harcèlement dans les cours d'école. Les conséquences de ces abus répétés sont considérables et elles laissent des cicatrices indélébiles sur l'estime de soi. Nous devons cesser de banaliser ces actes de violence répétés dans les milieux scolaires en les minimisant. En plus d'être ostracisés, battus, ridiculisés, humiliés, ces adolescents devront surmonter la honte, la peur et de nombreuses mutilations émotives tout au long de leur existence.

Je fais partie de ces milliers de jeunes qui ont subi du harcèlement scolaire à l'école. Au lycée, j'étais le sale pédé, la tapette, une cible à abattre. Ces violences ont duré pendant cinq années consécutives. Le stress à l'école était si dévastateur que mes angoisses ont tranquillement épousé mon sommeil. Au début de mon adolescence, l'insomnie gagnait tranquillement du terrain et me privait de ces heures essentielles pour récupérer de mes journées exténuantes à l'école. Mon anxiété maladive se manifestait de plus en plus la nuit, à un point tel que j'étais convaincu qu'une maladie très grave m'affligeait. Mon insécurité me gouvernait au point que je ressentais des malaises continuels : coups de chaleur, étourdissements, nausées, vertiges, diarrhées. Je n'avais que 13 ans et j'avais déjà l'impression d'avoir trop vécu : j'étais fatigué, incapable de me reposer, sans paix d'esprit. J'appréhendais chaque début de nuit. Je pouvais passer de longues heures à tourner dans mon lit, couvert de sueur, comme si mon corps évacuait tous les tourments de la journée. Après plusieurs heures de résistance dans mon lit, j'arrivais à m'endormir. Mais la nuit, je me réveillais soudainement, secoué par de terribles tremblements. Mon corps était possédé, attaqué par une froide névrose qui me glaçait le sang et martelait mon estomac d'un mal de cœur obstiné. À mon réveil, je m'asseyais dans mon lit dans l'espoir que cet épisode serait bref, car ces crises se multipliaient plusieurs fois durant la semaine. Je pouvais traverser des moments semblables deux à trois fois par semaine.

À 27 ans, le passé m'a rattrapé. Mon médecin diagnostiqua chez moi une maladie d'anxiété généralisée. Un jeune sur deux qui a subi du harcèlement à l'école aura des problèmes de santé mentale à l'âge adulte, j'en suis. Cette maladie a pris le contrôle de ma vie pendant plusieurs années. Grâce à la médication et la psychanalyse, j'ai réussi à reprendre ma vie en main au début de la trentaine.

Troubles de stress post-traumatique chez l'enfant et harcèlement

Christopher A. Kearney, Shadie Burke, Mallory Constantine et Melanie Rede

UNLV Child School Refusal and Anxiety Disorders Clinic, Department of Psychology, University of Nevada, USA.

Enfants et adolescents sont fréquemment confrontés à des situations de harcèlement, particulièrement dans cette ère des réseaux sociaux. Réseaux sociaux qui permettent de donner une tout autre dimension au harcèlement traditionnel et de le rendre bien plus anonyme et vicieux.

En effet, un tiers des jeunes font face au harcèlement au moins une fois dans leur vie. Le harcèlement est une forme de comportement agressif pouvant inclure une victimisation physique, verbale, émotionnelle, ainsi que d'autres formes d'abus. Les victimes de harcèlement sont souvent confrontées à des problèmes de santé mentale qui incluent fréquemment dépression, anxiété, envies suicidaires, perte de confiance en soi, isolation sociale, baisse des résultats scolaires, taux d'absentéisme en hausse, ainsi que d'autres problèmes éventuels.

Un trouble mental fréquemment lié au harcèlement est le syndrome de stress post-traumatique, ou SPT. SPT est un trouble mental sérieux survenant après un événement de nature traumatisante, qui s'accompagne d'une panoplie de symptômes conséquents à cet événement traumatisant. Les symptômes peuvent se matérialiser en revivant l'événement traumatisant, par l'évitement d'endroits et de situations qui rappellent à la personne le traumatisme vécu.

Une personne souffrant de stress post-traumatique peut continuer à revivre cet événement traumatisant par des souvenirs constants, des cauchemars, des flash-back, par exemple. Une grande partie des personnes souffrant de stress post-traumatique choisissent d'éviter les situations dites à risque, pouvant faire ressurgir des souvenirs et émotions liés au trauma et auxquels ils ne veulent plus avoir affaire, tandis qu'une autre partie de ces gens souffrant de SPT doivent eux toujours faire face à une forte anxiété des semaines, voire des mois après l'événement traumatisant qu'ils ont vécu.

L'hypothèse a été émise que les situations de harcèlement pourraient être considérées comme un événement traumatisant pouvant amener l'enfant ou l'adolescent à souffrir du syndrome de stress post-traumatique. Le harcèlement est clairement un événement dangereux et peut être vu comme étant particulièrement intimidant pour des jeunes qui sont à la recherche d'eux-mêmes ou qui ne sont pas à même de répondre à de telles menaces. De plus, de nombreux enfants et adolescents surestiment ces menaces, les voyant comme bien pires qu'elles ne sont en réalité, ce qui aura pour résultat de les faire devenir fortement anxieux et en recul par rapport aux autres.

Enfants et adolescents sont également en période de croissance, ce qui veut dire que les fonctions cognitives et le cerveau ne sont pas complètement développés, les rendant potentiellement plus vulnérables aux menaces et les empêchant de les évaluer à leur juste valeur.

Certaines recherches indiquent qu'au moins un tiers des jeunes ayant eu à faire face au harcèlement, ont plus tard souffert de symptômes du syndrome de stress post-traumatique. Les risques de souffrir de symptômes du SPT sont plus élevés chez les filles que chez les garçons, et les principaux symptômes qui tendent à apparaître sont des souvenirs de l'événement traumatisant qui sont constants et bouleversants, ainsi que l'évitement de différentes situations. Un harcèlement plus fréquent et soutenu augmente la probabilité de développer des symptômes de stress post-traumatique. De manière tout aussi intéressante, certains ont trouvé que le fait de participer au harcèlement d'autrui, en plus d'être harcelé, peut prédire la présence de symptômes de SPT.

Les résultats de ces recherches indiquent que les parents, personnel scolaire et médecins devraient attentivement chercher des signes de symptômes de SPT chez les enfants ayant souffert de harcèlement.

Une attention spéciale devrait être accordée à ceux faisant face à une fréquence de victimisation plus élevée, bien que des symptômes de stress post-traumatique puissent apparaître à la suite d'un seul épisode de harcèlement. Les parents, personnel scolaire et médecins doivent en particulier être à l'affût de changements dans le comportement, dans la personnalité, de par un recul social plus poussé, une augmentation de l'absentéisme, des notes en baisse, une attitude maussade. Évidemment, la menace envers l'enfant ou l'adolescent doit aussi être traitée.

Grâce à notre travail avec des adolescents maltraités, nous avons trouvé que la dépression est un indicateur important pour savoir si oui ou non des symptômes de stress post-traumatique se développeront ou non.

De nombreux jeunes font face à la maltraitance, toutefois, ceux qui souffrent également de dépression ont plus de risques de souffrir de symptômes de SPT dans le futur.

Tristesse, renfermement sur soi et pensées négatives sont importants pour ce qui est des symptômes de SPT liés à la dépression, tout comme l'isolation sociale l'est avec le harcèlement. Les jeunes qui parlent des menaces avec leurs parents, camarades, enseignants ou autres, ont tendance à mieux s'en sortir que ceux qui restent dans le silence ou socialement isolés.

Les initiatives à échelle scolaire visant à faire état du harcèlement et à s'occuper de tels incidents rapidement sont fortement recommandées.

Traduction par Pauline, jeune adulte
qui a été concernée par la phobie scolaire.

Troubles psycho-traumatiques et harcèlement scolaire

Hélène Romano,
docteur en psychopathologie-HDR, psychothérapeute spécialisée dans la prise en charge des blessés psychiques.

Une réalité qui dérange

Si pour le grand public le harcèlement scolaire est grâce aux travaux d'Éric Debarbieux une réalité qui paraît depuis quelques années mieux prise en compte, il reste sur le terrain difficilement reconnu au sein des établissements comme des familles. Pour comprendre les raisons de ce décalage entre les discours qui se multiplient sur le sujet et les situations qui continuent d'exister, il nous semble important de rappeler que le harcèlement scolaire n'est pas une violence ordinaire.

Ce n'est pas une violence ordinaire pour différentes raisons : elle se manifeste dans un lieu, le milieu scolaire, censé être un espace sécurisé pour les élèves ; elle s'exprime par des agressions intentionnelles, répétées, qui peuvent être physiques, verbales, sexuelles, et qui ont toujours une dimension psychologique ; elle concerne des enfants de tout âge qui peuvent être tour à tour victimes ou auteurs ; elle ne témoigne pas d'un simple manquement éducatif mais d'une véritable souffrance des liens intersubjectifs entre élèves et entre élèves et adultes (Romano, 2015). Il s'agit donc d'une violence qui engage la singularité de chaque impliqué (victime comme auteur), celle intersubjective mais également les dynamiques groupales (groupe classe et enseignants, famille) et institutionnelle. La complexité de repérage de cette violence s'explique enfin par l'expressivité post-traumatique qui peut être immédiate mais bien souvent différée, les troubles se manifestant des semaines voire des mois après la situation de harcèlement subi.

Mathis est scolarisé en CM1. Depuis la maternelle il est le bouc émissaire d'un groupe d'élèves dont le meneur a su, très tôt, obtenir la complicité de ses camarades lors des agressions qu'ils lui faisaient endurer : contenu du déjeuner de cantine régulièrement rendu immangeable en raison des quantités de sel, de sucre ou d'eau qu'ils y versaient ; vêtements recouverts de colle ou tachetés d'encre ; livres déchiquetés ; pantalon et slip régulièrement baissés lors des temps de récréation ou dans les couloirs. Pendant des années Mathis ne va rien dire, ne pas se plaindre. Il est décrit comme un enfant « timide », « en retrait du groupe » mais ni ses enseignants successifs, ni ses parents ne suspectent les violences subies. C'est une tentative de suicide de retour de vacances d'été qui conduit à son hospitalisation et qui va permettre de comprendre ce que ce jeune garçon supporte au sein de son école depuis des années sans se plaindre : insultes, menaces, violences physiques, agressions sexuelles, stratégie d'isolement. Il présente alors un tableau de troubles post-traumatiques chroniques avec des manifestations anxieuses et des reviviscences devenues totalement envahissantes. Il nous explique ainsi : « Quoi que je fasse, où que je sois, je pense à "ça". J'ai beau être ailleurs, loin de l'école mais c'est comme un poison qui m'emprisonne [...] c'est plus fort que moi, j'essaye de ne pas y penser mais ça revient tout le temps : la nuit, le jour, et ça m'envahit la tête. » Il nous explique sa tentative de suicide par « l'envie de mourir, de ne plus vivre pour ne plus avoir à supporter tout ça : tout ce qu'ils me font et tout ce qu'ils m'ont fait et qui revient sans cesse dans ma tête sans que j'arrive à les sortir de mon esprit. Je n'en peux plus... je ne veux plus souffrir comme ça... ».

Pour Marielle, élève de sixième, les troubles vont apparaître dès les premières semaines de harcèlement avec comme réactions des attitudes d'évitement se traduisant par une éviction scolaire progressive. Ses parents vont dès le mois de septembre comprendre, en discutant avec elle, la situation de harcèlement subi et mettre en place différentes mesures en lien avec le médecin scolaire pour lui éviter un décrochage et une déscolarisation totale (instauration d'un Projet d'accueil individualisé, avec aménagement de ses horaires après plusieurs semaines d'absence justifiées par un arrêt-maladie établi par son pédiatre).

Jason, lui, va poursuivre sa scolarité, sans trouble apparent et sans aucune inquiétude de son entourage. Ce n'est qu'une fois adulte, alors que son jeune garçon est scolarisé que reviennent subitement à son esprit les violences scolaires qu'il a subies des années plus tôt. Il manifeste alors des symptômes anxieux majeurs, des troubles du sommeil, une hypervigilance épuisante et commence à abuser de l'alcool pour, explique-t-il « éviter d'avoir ces flashs insupportables ». Les conduites addictives font partie des réactions post-traumatiques fréquentes : la prise de produits permet, provisoirement, de tenir à distance les reviviscences traumatiques, mais ne règle en rien l'élaboration psychique de ces troubles qui ne font que s'enkyster davantage.

Des troubles post-traumatiques d'expressivité complexe

Ces trois situations permettent de comprendre que les manifestations post-traumatiques des victimes de harcèlement scolaire ne se manifestent pas systématiquement d'emblée, contrairement aux représentations que peuvent en avoir nombre d'adultes et de professionnels. Comme pour d'autres victimes d'événements traumatiques, l'expressivité non linéaire des troubles peut conduire à des incompréhensions et d'importants malentendus : les proches de l'enfant ne comprennent pas par exemple, qu'il ne se soit jamais plaint et qu'il n'ait manifesté aucune souffrance apparente au moment des faits mais s'effondre psychiquement des années plus tard. D'autres s'étonnent du fait que l'enfant présente des troubles majeurs quand ce qu'il décrit de ce qu'il aurait subi ne paraît pas si grave que cela pour les adultes. Face à cette complexité des manifestations des troubles post-traumatiques, l'entourage (parents, fratries, personnels de l'institution scolaire) peut réagir par un rejet de l'enfant voire un déni de son vécu traumatique ; situation vécue par bien des enfants maltraités ou survivants d'événements dramatiques (attentat, catastrophe naturelle, accident). Bien des élèves continuent ainsi leur scolarité sans se plaindre. Et s'ils ne se plaignent pas, c'est pour de multiples raisons : la première, c'est que pour parler il faut déjà réaliser que ce qui est subi ne devrait pas l'être. Remarque qui pourrait paraître évidente mais qui ne l'est pas pour certains enfants victimes de harcèlement scolaire mais qui ne connaissent, en dehors de ce cadre, que des maltraitances de toutes sortes. Si l'enfant ou l'adolescent a conscience d'être victime de harcèlement, ce n'est pas pour autant qu'il ira demander de l'aide immédiatement car cela nécessite de s'être suffisamment dégagé de la honte, de la terreur des représailles, de la crainte de ce que pourront penser les adultes de sa situation et en particulier ses parents. Solliciter un adulte, c'est croire qu'il peut être aidant et soutenant ; c'est encore avoir un minimum confiance en lui, ce qui est loin d'être le cas de nombreux enfants, en particulier à la période adolescente où l'individuation à l'œuvre réinterroge les liens aux autres. Bien des enfants subissent ainsi des micro-violences qui, accumulées conduiront à une situation de harcèlement scolaire et à une multitude de stratégies de survie : éviter le groupe (cantine, récréations), arriver toujours au moment où la grille de l'établissement s'ouvre et jamais en avance, rester le plus possible auprès des enseignants, s'installer en classe au premier rang le long du mur (pour n'avoir que 90° de risques « d'attaques » pendant le cours), sortir le plus vite possible en fin de cours pour éviter d'être suivi sur son trajet de retour au domicile, devenir un abonné du CDI, éviter d'avoir à utiliser le vestiaire en sport, etc. Ces jeunes qui ne se plaignent pas ont bien souvent perdu l'espoir d'être secourus par les adultes, mais certains ont tout de même essayé à un moment de les alerter, sans succès. Jason nous décrit ainsi comment il a essayé de solliciter les surveillants de son collège quand il a commencé à être harcelé : « Ils m'ont répondu que je n'étais plus un bébé et qu'il fallait que j'apprenne à me débrouiller. Le conseiller principal d'éducation m'a dit que c'était à moi de me faire respecter et d'apprendre à me défendre… et quand mes parents ont demandé à voir le principal, il leur a demandé si tout se passait bien à la maison et fait la morale en leur disant qu'ils auraient dû m'apprendre à ne pas me laisser faire… Ça a été comme une double peine : non seulement je me faisais agresser, mais pour les adultes de l'établissement c'était de ma faute et en plus mes parents m'en ont voulu car ils étaient remis en cause. »

Harcèlement scolaire et syndrome d'aliénation traumatique institutionnelle

La culpabilisation de celui qui subit les violences est malheureusement fréquente et témoigne non seulement d'une méconnaissance des processus psychiques à l'œuvre, mais aussi de l'effet de contamination traumatique sur l'institution. Car reconnaître la réalité de situations de harcèlement, c'est accepter de savoir qu'il existe au sein de son établissement des élèves qui maltraitent d'autres élèves. Et là, c'est une reconnaissance des failles institutionnelles et d'une transgression majeure : celle de faire d'un lieu sécurisé un espace d'insécurité où la loi n'est pas respectée. Mieux vaut alors « supprimer » symboliquement cet élève en retournant contre lui la culpabilité que devraient prendre les adultes présents : c'est lui qui ne sait pas se protéger ; ce sont ses parents qui ne lui ont pas appris à être suffisamment fort et à se défendre ; c'est lui qui provoque par son comportement des réactions hostiles, etc. L'élève harcelé devient ainsi facilement le support expiatoire d'une structure scolaire en souffrance et révèle ce que nous avons défini comme le SAT, syndrome d'aliénation traumatique institutionnelle, manifestation de déliaisons institutionnelles multiples apparaissant suite à des situations traumatiques ayant eu lieu au sein de l'institution (décès, viol, agression, harcèlement). Ce que vivent les élèves harcelés est à la hauteur du déni imposé aux victimes de maltraitance, de violences conjugales, et à toutes celles qui subissent des violences intentionnelles qui restent, pour le commun des mortels des actes inintelligibles, indicibles, impensables. Derrière les campagnes de prévention, et les mobilisations ponctuelles dans les établissements scolaires, reste la réalité du terrain et celle plus globale au niveau sociétal : la victime dérange car elle témoigne des manquements de notre société. Cette représentation présente chez nombre d'adultes s'exprime à travers des expressions telles que « de mon temps, cela existait déjà et on n'en parlait pas autant ». Elle conduit à la banalisation de ces actes comme si le harcèlement scolaire était une violence inévitable ; une forme de ritualisation moderne qui signerait le passage de l'enfance à l'adolescence dans un monde en perte de repères.

Il faudrait cesser de croire que le harcèlement est une violence banale et inévitable. C'est une situation hautement traumatogène susceptible d'entraîner des troubles post-traumatiques comme d'autres événements où la mort rôde. La dimension traumatogène du harcèlement reste méconnue ou vite envisagée pour être aussitôt mise à distance. Or le trauma, la blessure psychique relationnelle à un événement traumatique, blesse durablement le psychisme et les élèves victimes de harcèlement scolaire sont, d'une certaine façon, les victimes d'une guerre invisible qui se passe dans le huis clos des établissements scolaires. Tout comme les blessés psychiques de maltraitance, de guerre, de catastrophes, les élèves harcelés portent en eux ce vécu traumatique qui peut durablement hypothéquer leur devenir si la situation reste incomprise et leurs ressentis inintelligibles. Les vécus de honte, de culpabilité, la crainte d'être incompris et de se retrouver condamné au silence, les reviviscences envahissantes des faits de harcèlement, les troubles anxiogènes, dépressogènes associés, les isolements voire les régressions et les conduites d'échec sont le quotidien de ces enfants, petits et grands, victimes de ces violences de l'ombre. Le vécu traumatique est lié non seulement aux violences subies, mais également aux réactions d'incompréhension des proches qui créent un sentiment d'abandon avec un vécu d'insécurité psychique majeure pouvant conduire à des troubles durables.

Chacun, parents, enseignants, élèves, autres professionnels, doit bien comprendre que ce qui se passe dans les salles de classe et cours de récréation, peut avoir des répercussions durables tout au long de la vie. Une étude publiée en 2014 dans l'*American Journal of Psychiatry* sur le suivi prospectif auprès de 7 771 enfants victimes de harcèlement scolaire entre 7 et 11 ans, atteste des séquelles psychiques durables qui s'imposent dans la vie des élèves exposés à ces violences. À 50 ans, cette recherche permet de constater que ces enfants devenus adultes ont un niveau de stress bien plus élevé que les autres, des troubles anxieux, des manifestations dépressives et des risques suicidaires doublés par rapport aux élèves préservés de ces violences (*Takizawa & al.*, 2014). Les conséquences sont d'autant plus graves que l'élève n'a pas pu parler ou pire, qu'il a tenté de le faire mais que le milieu éducatif (familial comme scolaire) n'y a pas prêté attention. Sans soutien, sans aide pour lutter contre ces violences, l'élève se convainc peu à peu qu'il ne « vaut que ça » et se persuade qu'il est lui seul la cause de ces violences. Le risque est alors qu'il ne se construise dans son rapport aux autres avec cette représentation dévalorisée de lui-même et qu'il ne devienne plus tard objet de violences au sein de son couple et/ou de harcèlement au travail.

Le repérage est un enjeu considérable dans la lutte contre le harcèlement scolaire

Si l'on comprend, un jour, que ce n'est pas à l'enfant de demander de l'aide mais avant tout aux adultes de repérer et d'aller vers l'élève en souffrance, nous aurons fait un progrès considérable dans la prise en charge du harcèlement scolaire. Car actuellement la dynamique est inversée : les professionnels comme les parents attendent que l'élève se plaigne alors que nous l'avons vu, l'élaboration d'une plainte est loin d'être une évidence pour celui qui subit les violences. À force d'attendre, ce jeune finira par être retrouvé dans un centre d'addictologie à l'âge adulte, déprimé, dans des conduites d'échec systématique, au bout d'une corde ou entre quatre planches de sapin. L'enjeu du repérage se situe probablement dans un meilleur lien entre parents et professionnels des établissements scolaires pour que la défiance qui existe trop souvent entre les uns et les autres cesse, et qu'une co-construction puisse se faire auprès de l'enfant ou de l'adolescent pour l'aider à ne plus être dans cette position d'élève subissant des violences scolaires (Romano, 2015). Identifier les troubles nécessite aussi de savoir les aborder avec les jeunes concernés et l'empathie métaphorisante est ici une modalité relationnelle précieuse (Romano, 2018). Plus la prise en charge est précoce, moins les troubles s'enkystent et moins le lien de confiance à l'égard des adultes est entamé.

L'enjeu est considérable aussi bien pour les élèves harcelés que pour les élèves harceleurs, puisqu'il s'agit pour les adultes de retrouver leur place d'adultes, à savoir s'ajuster à l'enfant en souffrance, et ne plus inverser la dynamique de protection qui consiste à attendre que l'enfant qui souffre les sollicite. C'est en fait, de façon plus large, une autre question qui se pose à nous : quelle place voulons-nous réellement donner aux enfants et aux adolescents ? Celle de petits d'homme en devenir ou celle d'adultes miniatures ? Celle d'enfants éduqués dès le plus jeune âge exclusivement par des écrans, ou celle d'enfants ayant appris grâce aux adultes de leur entourage à décrypter les images, à développer l'empathie, à se construire dans le respect de l'autre et d'eux-mêmes ?

Si l'enfant est une personne, il ne peut l'être qu'en étant respecté pour ce qu'il est réellement : une personne *en devenir* qui, pour se construire sereinement, a besoin d'adultes pour être protégé, rassuré, valorisé. Et cela, notre société semble l'avoir oublié quand elle abandonne au désespoir, à la souffrance et certaines fois à la mort les enfants harcelés.

Références bibliographiques

Romano H., *Quand la vie fait mal aux enfants*, Paris, Odile Jacob, 2018.

Romano H., *Les dix indispensables, Harcèlement scolaire*, Paris ITPR, 2018.

Romano H (dir.), *Pour une école bientraitante. Prévenir les risques psychosociaux scolaires*, Paris, Dunod, 2016.

Romano H., *Harcèlement en milieu scolaire. Victimes, auteurs. Que dire ? Que faire ?* Paris, Dunod, 2015. Préface d'Éric Debarbieux.

Takizawa R., Maughan B., Arseneault L., *Adult Health Outcomes of Childhood Bullying Victimization: Evidence From a Five-Decade Longitudinal British Birth Cohort. The American Journal of Psychiatry*, 2014, 171, 7, p. 777-784.

Jérôme, 35 ans, dort dans le lit avec sa compagne. Il fait un cauchemar dans lequel il revit des situations de harcèlement subies dans son enfance : humiliations, insultes, violence physique. Trois personnes le frappent alors qu'il est à terre. Il se réveille en sursaut et crie : « Maman, je suis malade, je ne peux pas y aller ! » Sa femme allume alors la lumière. Il reste sans voix.

Troubles anxieux scolaires et harcèlement

Dr. Ada Picard, pédopsychiatre en CMPP,
psychothérapeute et art-thérapeute sur Marseille.

Interview de **Sabine Riollot**,
correspondante PACA de l'Association Phobie Scolaire.

Rencontrez-vous beaucoup (ou de plus en plus) de jeunes souffrant de troubles anxieux scolaires suite à un harcèlement ?

Oui ! Je dirais même que le harcèlement, au sens large, concerne la majorité des jeunes qui souffrent d'anxiété scolaire. Ils ont été harcelés, « embêtés », molestés et moqués durant l'école primaire voire le collège. Cependant, les jeunes ne le disent pas facilement, d'une part parce qu'ils en ont honte, d'autre part parce que ça fait partie d'eux et qu'ils ne voient pas ça comme quelque chose d'anormal, qui pourrait expliquer leur état actuel. Parfois, ils font le lien et en parlent librement, mais c'est très rare ! J'encourage donc les professionnels à questionner les jeunes sur leurs relations avec leurs pairs et avec les professeurs, depuis le plus jeune âge ; à leur demander s'ils ont été harcelés, mais aussi s'ils ont subi des moqueries, des mises à l'écart, etc. Derrière le mot « harcèlement » on entend communément « racket », insultes et menaces quotidiennes, cyber-bullying (de plus en plus fréquent), etc. Mais les jeunes peuvent aussi être soumis à d'autres violences, plus insidieuses : relation sous l'emprise d'un leader, forte pression sur l'apparence, petites remarques quotidiennes, moqueries, mises à l'écart. Tout cela blesse, à la longue ! Et favorise la baisse de confiance en soi, l'anxiété sociale, la déprime, etc. J'appelle cela les « micro-violences » qui, lorsqu'elles se répètent, peuvent être désastreuses, d'autant plus qu'elles sont insidieuses. Elles abîment la construction identitaire et la manière dont l'ado va se développer sur le plan narcissique. Et plus l'enfant ou l'ado est sensible, plus il risque d'être touché en profondeur et de développer une phobie scolaire. Il semblerait même que les hypersensibles soient soumis, plus que les autres, au harcèlement. Sûrement parce qu'ils ont une personnalité particulière, qui inspire auprès des pairs l'attirance ou le rejet. Ils sont donc une population particulièrement à risque à la fois de harcèlement, au sens large, et d'anxiété scolaire.

Quelles similitudes voyez-vous entre les états anxieux liés au harcèlement et les chocs post-traumatiques ?

C'est une très bonne question. Je pense en effet que le stress post-traumatique et les états anxieux liés au harcèlement se ressemblent sur plusieurs points : l'anxiété et la peur que ça recommence, l'évitement du lieu où le trauma a eu lieu, les cauchemars, la rigidité cognitive, l'isolement, etc. On parle de stress post-traumatique, lorsqu'il y a eu un (ou plusieurs) événement(s) traumatisant(s), qui font craquer la carapace psychique par leur brutalité et/ou leur violence, instantanément ou avec un délai. Dans le harcèlement, les sources de stress sont moins « franches » mais se répètent sur une période longue (parfois plusieurs années !). Le processus est donc plus insidieux. L'anxiété apparaît sans se faire remarquer, au point où on l'intègre comme un aspect de sa personnalité. On a l'impression que la souffrance vient de nous-mêmes, que l'on n'est pas normal, alors on met un masque et on se crée une attitude de surface. Mais à force de subir de la pression, cette carapace peut exploser du jour au lendemain, sans que personne ne comprenne la source de ce désarroi. C'est ce qui arrive à ces ados qui ne peuvent plus se rendre à l'école. Ils se disent « bloqués ». Ils ont tellement supporté, qu'il leur a suffi d'une goutte d'eau pour que leur carapace se liquéfie. Un peu comme une personne traumatisée ne peut plus passer par l'endroit où elle a subi le traumatisme. En fait les micro-violences subies par le jeune sont des micro-traumatismes, qui lorsqu'elles se répètent provoquent un stress chronique. Et ce qui est d'autant plus délétère, c'est que ces stress surviennent dans l'enfance, à un moment où l'identité et les processus cognitifs sont en pleine construction.

Des thérapies mieux que d'autres, type EMDR, TCC… sont-elles préconisées en cas de troubles anxieux scolaires suite à un harcèlement avéré ?

La première chose à faire, avant même de penser thérapie, c'est d'entendre les plaintes de l'enfant ou de l'adolescent. Beaucoup d'adultes ont tendance à minimiser les difficultés des jeunes qui souffrent de harcèlement et d'anxiété scolaire. Ils ont parfois l'impression que les jeunes en rajoutent, ou se plaignent trop ou encore qu'ils n'y mettent pas du leur. Une de mes patientes m'a rapporté les propos de son conseiller d'éducation, suite à l'évocation répétée des insultes et moqueries subies par des pairs : il lui aurait dit qu'elle était un peu « cul-cul la praline », que c'était comme ça dans la vie et qu'il fallait qu'elle apprenne à se défendre. C'est une réponse qui est souvent donnée. Apprendre à se défendre, bien sûr, mais être soutenue en étant « entendue » est un préalable.

Ce soutien par l'entourage (parents, ami.e.s, professeurs, etc.) est donc la base ! Le soutien par un professionnel, un médecin et/ou un psychothérapeute, est ensuite essentiel pour que l'enfant dispose d'un lieu neutre pour s'exprimer. Enfin, la psychothérapie à proprement parler, peut offrir au jeune la possibilité de surmonter ses traumatismes, de (re)prendre confiance en lui, de surmonter l'anxiété scolaire et de retrouver du plaisir à aller à l'école. Tout cela peut prendre du temps… Il existe cependant des thérapies brèves et efficaces, comme l'hypnothérapie, ou l'EMDR, très indiquées chez les jeunes qui ont subi un harcèlement scolaire au sens large. La thérapie cognitive et comportementale (TCC) peut aider à sortir du cercle vicieux de la phobie scolaire en remédiant aux biais cognitifs – c'est-à-dire les interprétations du quotidien faussées par nos expériences négatives passées – et en adoptant des comportements qui sortent de l'évitement. D'autres thérapies, moins « directes », aident les jeunes à réparer leurs blessures et se construire avec ce qu'ils ont en eux : l'art-thérapie (qui a largement démontré ses bienfaits dans les vécus traumatiques, la thérapie ACT (thérapie d'acceptation et d'engagement), la thérapie cognitive basée sur la pleine conscience (dite aussi *mindfulness*), etc. Certaines thérapies sont complémentaires et peuvent bien fonctionner en parallèle : par ex. l'art-thérapie et la TCC ou l'EMDR et la thérapie ACT. Les thérapies de groupe (*mindfulness*, art-thérapie, habiletés sociales, etc.) sont un complément très intéressant des thérapies individuelles.

Pour ou contre un changement d'établissement après un harcèlement ? Cela peut-il contribuer à éviter une phobie scolaire ?

Plutôt pour, mais cela doit être envisagé au cas par cas. Tout dépend de ce que l'ado souhaite, mais aussi des mesures qui ont été prises dans l'établissement scolaire et des ressources qui y sont présentes (ami.e.s, soutien du personnel éducatif et médical, etc.), ainsi que de la filière choisie et de l'orientation du jeune. Il ne s'agit pas de le faire changer d'établissement si cela l'éloigne d'une section qu'il ou elle avait choisie. Ni de le faire aller dans un établissement trop loin de son domicile. Ce qui importe, c'est que la décision de reprendre sa scolarité dans tel ou tel établissement doit être réfléchie en équipe, avec les parents, l'enfant et le personnel éducatif et soignant. Lorsqu'il apparaît clairement que l'enfant, ou l'ado, sera soulagé de changer d'établissement, alors il faut le faire ! Il arrive en effet que l'enfant soit trop marqué par le harcèlement pour être en capacité de retourner sur les lieux et de recroiser les mêmes personnes, trop imprégnés de l'antécédent. Dans d'autres cas, il va pouvoir le faire, mais à quel prix ? À celui de prendre sur soi, encore et encore, dans un établissement où on peut être « stigmatisé » par ses pairs ET par ses professeurs. Recommencer dans un nouveau lieu avec de nouveaux gens, et une équipe prête à accueillir le ou la jeune, peut faciliter la résilience et le ré-investissement scolaire. Pour résumer, ce qui importe, c'est que l'enfant se sente en SÉCURITÉ dans l'établissement. Sinon, il risque en effet de développer une phobie scolaire, voire une dépression ou une anxiété chronicisée.

Quels impacts avez-vous pu observer au niveau psychologique, physique et neurophysiologique suite à un harcèlement ?

Le harcèlement touche l'enfant dans toutes ses dimensions : psychique, cognitive, physique. C'est ainsi que la confiance en soi, le sentiment d'identité, l'intelligence et même le rapport à son corps peuvent être touchés par le harcèlement. Car, encore une fois, le cerveau de l'enfant est en pleine construction. Un jeune à qui l'on répète qu'il ou elle est moche va se construire avec cette idée. *Idem* si on lui dit qu'il est bête ou inintéressant. En collant à cette image qui lui est renvoyée, l'enfant sera en difficulté pour se développer de manière épanouissante. Il sera en quelque sorte bloqué, enfermé dans cette image éloignée de ce qu'il est vraiment. Or, si l'on perd le lien avec nous-mêmes, on perd l'enthousiasme à être et à apprendre. On est donc moins enclins à se développer psychiquement, intellectuellement, physiquement. Cette conséquence peut passer largement inaperçue, surtout si elle ne s'accompagne pas de symptômes psychologiques visibles. En fait, tout ce qui abîme psychiquement un enfant au cours de son développement, tel que le harcèlement, le touche de manière globale, psychique, neurobiologique et physique. Le harcèlement est destructeur car il gèle certaines parties de la psyché, et rigidifie la manière d'être et de penser. Au pire, le jeune se déconnecte de ses émotions et de ses ressentis. Ce qui porte atteinte au bien-être global et aux capacités intellectuelles. Comme dans le psycho-traumatisme. De nombreuses personnes réalisent à l'adolescence, voire à l'âge adulte, qu'elles étaient à côté de leurs pompes. Qu'elles s'étaient construites avec une idée étriquée – honteuse le plus souvent – d'elles-mêmes, leur empêchant de développer pleinement leurs potentialités et d'assumer leurs difficultés. En revanche, ces personnes ont bien souvent été habituées à porter un masque, pour cacher ce moi honteux qui leur a valu souffrances et moqueries. Et c'est le plus souvent à l'occasion d'une dépression, d'un refus scolaire total, d'un passage à l'acte suicidaire, d'une « crise », d'un trouble alimentaire, qu'on parvient à se débarrasser de ce masque. Un mal pour un bien, en quelque sorte, mais qui nécessite un accompagnement rapproché le temps de la « crise » et de la reconstruction qui fait suite. Évidemment (et heureusement !), il est possible de soigner cela. J'insiste sur le mot « SOIGNER ». Car le harcèlement laisse une plaie profonde dont il faut prendre soin, notamment grâce à la chaleur et au soutien des proches et des pros. Vient ensuite la « rééducation », celle qui vise à remettre du lien entre les différentes parties de soi, à redécouvrir le tout qui nous définit, à renouer avec ses émotions et à créer de nouvelles expériences. Les différentes thérapies citées plus haut (ACT, art-thérapie, *mindfulness*, hypnothérapie, etc.) peuvent aider à cela. Sans oublier : la patience. Car récupérer après un harcèlement demande du temps.

Témoignage 8 – Gabriel – 38 ans

En classes prépas maths spé à Orléans, j'avais le malheur de dire bonjour au prof en entrant dans la salle et d'être globalement trop « poli » avec le prof : pour me reprocher mon côté « fayot » à leurs yeux, les élèves de la classe faisaient un suintement et disaient « Suce » en faisant durer le « Sussssss » à chaque fois que je prenais la parole ou que j'étais interrogé.

Je n'avais pas conscience que c'était du harcèlement. J'en ai pris conscience l'année dernière, en 2017, alors que ça a eu lieu entre 1998 et 1999. Je n'étais pas le seul dans cette situation, lancée et nourrie par les élèves redoublant dans un premier temps, puis reprise par le reste de la classe ensuite. Les autres personnes de la classe concernées par ce harcèlement étaient les deux filles de la classe. À chaque fois qu'elles étaient interrogées ou qu'elles prenaient la parole, les élèves du fond de la classe (puis les autres) se mettaient à dire « CUISSSSSSSE » en suintant…

Ces « suintements » ont duré toute l'année scolaire, puisque personne n'a rien fait pour que ça cesse, ni les profs, ni les élèves concernés, ni les autres élèves de la classe.

Conséquences

J'étais mal dans cette classe. Mes résultats étaient déjà faibles dans cette classe d'un niveau très élevé de deuxième année, qu'on appelle une classe « étoile ». J'ai fini de dégringoler dans les résultats tout au long de l'année. En mars 1999, je me souviens avoir déclaré, pour moi-même, ma « mort sociale ». Je ne voulais plus rien avoir affaire avec les classes prépas et si j'y suis resté, c'est en décidant que je ne rendrais plus de comptes aux profs ou à mon frère, qui avait insisté pour que je fasse les classes prépas.

Pour m'en sortir, me reconstruire

Ayant déconnecté complètement de cet environnement trop douloureux pour me permettre de « revivre », je suis sorti à des soirées et j'ai rencontré une jeune femme que j'ai aimée profondément. Je passais donc mes journées de classe à attendre de pouvoir la retrouver à la sortie des cours, et même à la sortie des épreuves de concours que j'ai passés cette année-là.

Pour retrouver l'équilibre dans mes études, j'avais décidé de redoubler cette année de calvaire dans un autre établissement de classes prépas situé en région parisienne et où se trouvait ma sœur. Malheureusement, je n'avais pas imaginé que mon amoureuse mettrait fin à notre relation à la rentrée à cause de mon départ à 100 km pour la suite de mes études. Du coup, j'ai plongé à corps perdu dans les études et les maths.

Je n'ai « relevé la tête » qu'après les concours de l'année suivante et l'intégration en école d'ingénieur à Brest. Je pense que j'ai fait une dépression entre novembre et mai. Quand j'ai vu une étudiante en psychologie qui nous recevait sur le campus, elle ne comprenait pas : nous étions pourtant des étudiants brillants, qui avaient réussi et « avaient tout pour être heureux ».

Je ne me suis jamais adapté à la vie en école d'ingénieur et aux métiers que j'ai pu faire ensuite entre 2003 et 2008. Les classes prépas et le métier d'ingénieur n'étaient pas adaptés pour moi, indépendamment de cette situation de harcèlement subie. Depuis 2005 j'ai été accompagné pour changer de métier. Par un coaching d'abord en 2005, par une formation à l'analyse transactionnelle et la démarche d'une thérapie personnelle de 2007 à 2010.

Depuis 2008, j'anime un blog pour proposer du soutien aux élèves des classes prépas qui souffrent : http://www.coachingclassesprepas.com/.

Je n'avais pas fait le lien entre ma souffrance en prépa et cette situation de harcèlement avant il y a quelques mois. Il m'avait surtout semblé inacceptable de laisser les élèves souffrir dans le stress des résultats parfois médiocres malgré un travail intense pour beaucoup.

Les profs nourrissaient une autre forme de harcèlement par des remarques quotidiennes : « Vous êtes nuls, vous ne travaillez pas assez, vous n'êtes pas digne d'être en prépas », « c'est pourtant trivial » et les notes de 3,5 à 7,5/20 qui vont avec. Ceux au-dessus de 7,5 peuvent (doivent) s'estimer heureux ! Les remarques ne sont pas adressées à quelqu'un en particulier, sauf quelques fois, mais touchent les plus sensibles et/ou émotifs et/ou consciencieux parmi les élèves.

Témoignage 9 – Melody, 15 ans

J'ai été victime de cyber-harcèlement il y a deux ans et demi. J'avais 11 ans environ. Ça a duré huit mois, de novembre à juin.

J'avais une relation amoureuse à distance avec un garçon depuis quelques mois. On en avait parlé à très peu de personnes mais une de ces personnes en a parlé au sein de l'établissement de mon copain. Le cauchemar a commencé à ce moment-là.

La nouvelle est arrivée aux oreilles d'un groupe de filles qui m'ont retrouvée via *les réseaux sociaux Facebook, Instagram, Twitter…*

Au début elles n'étaient environ qu'une dizaine maximum. Ça a commencé par un message, une insulte qui aujourd'hui ne me touche plus mais qui à l'époque m'a détruite : « salope ». Les premières insultes ont été suivies de centaines d'autres. Il n'y avait jamais de pause, c'était constant.

Au début, je lisais et répondais à tout. Ma réponse était toujours similaire : « pourquoi ? », mais je n'ai jamais eu de retour. Ça a duré environ cinq mois. C'était sans arrêt. Dès que je bloquais un compte, deux autres apparaissaient. C'était l'horreur, l'enfer et honnêtement je suis intimement convaincue que l'enfer est un univers moins dur.

J'ai reçu des insultes comme « pétasse », « pute », « bouche à pipe », « barrique à sperme »...

Au bout de ces cinq mois, les garçons se sont rajoutés à ce harcèlement incessant et là ça a été un cauchemar. Il y avait des photomontages qui tournaient où mon visage était mis sur des femmes en pleins actes sexuels ou dénudées, qu'ils menaçaient de rendre publics, ce qui aurait détruit ma vie, sans aucun doute, du moins ce qu'il en restait.

Mais les insultes se sont évidemment empirées : « je vais t'exploser ton joli p'tit cul », « tu me feras une réduction sur la pipe, j'ai pas eu mon argent de poche », « alors, on écarte facilement les jambes à ce que je vois ».

C'était un calvaire. Mon cyber-harcèlement s'est terminé le jour où mon copain de l'époque s'est suicidé. Ce jour-là, tout s'est arrêté. Ils ont tous disparu.

Pendant le harcèlement, j'ai vécu une angoisse permanente qu'on découvre ce que je vivais, car j'avais honte. Une peur panique qu'ils publient les photomontages sur le Net. J'allais tous les jours vérifier si rien n'avait été publié.

C'était mon premier réflexe du matin. Une méfiance excessive au collège, par exemple si j'entendais quelqu'un rire, j'étais persuadée qu'il se moquait de moi.

Une irritabilité importante, une remarque débile, pouvaient prendre des proportions immenses. Je me suis fâchée avec énormément de personnes durant cette période. Il m'arrivait de vomir de peur et de stress le matin avant d'aller en cours.

J'ai gardé le secret. Je n'ai parlé de rien à personne, jusqu'à un an après la fin du harcèlement.

Ces conséquences sont restées durant de long mois et encore aujourd'hui. Mais de plus, s'est rajoutée avec le temps une impossibilité de parler devant les autres, de faire confiance.

J'ai souvent fait semblant d'être malade les jours où l'on devait présenter des projets à l'oral devant la classe, ou alors je m'arrangeais pour sortir de la salle et n'y revenir que plus tard. Encore aujourd'hui, je suis incapable de faire confiance. Je me méfie en permanence des gens. Je ne confie jamais rien à personne en dehors de mon cercle familial.

J'ai pu m'en sortir grâce au soutien de mes parents, de certains de mes professeurs et de ma psychologue, que je vois encore aujourd'hui. Je ne me suis pas encore réellement reconstruite. Je crois qu'on peut estimer être reconstruit le jour où aucune des conséquences n'est encore présente. Il faut énormément de temps mais il est nécessaire de consulter des professionnels qui pourront nous aider, de nous entourer de personnes qui nous aiment et de se tourner vers des associations pour réaliser que nous ne sommes pas seul(e)s.

Partie 3

Retrouver l'estime de soi

> Je ne suis pas un oiseau et aucun filet ne me prend au piège. Je suis un être humain libre, ayant une volonté indépendante que j'exerce maintenant pour vous quitter.
>
> **Charlotte Brontë – Jane Eyre**

L'antidote contre les violences scolaires : les saines habitudes de vie émotionnelles et relationnelles à l'école

Jasmin Roy

La violence et le harcèlement scolaire découlent, entre autres, de problèmes émotionnels et relationnels, auxquels il faut apporter des réponses émotionnelles et relationnelles, notamment au moyen d'interventions éducatives visant le développement des compétences prosociales. Pour miser sur le développement d'un climat scolaire positif et bienveillant, il faut choisir des interventions qui permettent à l'ensemble des jeunes d'apprendre à bien vivre ensemble, aux auteurs de gestes de violence ou de harcèlement de mieux combler leurs besoins, aux élèves ciblés par ces gestes de mieux s'affirmer et aux jeunes témoins de développer leur sentiment d'empathie envers l'autre. Les compétences sociales et émotionnelles jouent un rôle essentiel dans la qualité des relations que l'élève pourra établir tout au long de sa vie. En tant qu'adulte, lorsque l'on soutient le développement de ces compétences chez les jeunes, on favorise leur réussite et leur bien-être tout en prévenant ou en diminuant certains comportements à risque. Les apprentissages sociaux et émotionnels doivent désormais faire partie de tous les curriculums scolaires. Les apprentissages sociaux et émotionnels basés sur cinq composantes ; conscience de soi, autorégulation de ses émotions (maîtrise de soi), conscience sociale, compétences relationnelles (gestion des relations), prise de décision responsable (CASEL) offrent plusieurs avantages : meilleure attitude envers l'école et l'éducation, compétences sociales et émotionnelles accrues, meilleure attitude envers soi-même et autrui, meilleure santé mentale (anxiété , dépression et détresse émotionnelle atténuées), meilleurs comportements sociaux, moins de problèmes comportementaux, moins de dépendance à l'alcool et aux drogues et meilleure ambiance à l'école (Shanker, 2014).

Selon Robert Waldinger, psychiatre de l'université Harvard et 4e directeur d'étude longitudinale sur la santé et le bonheur chez l'être humain, qui a duré 75 ans, **c'est la qualité des relations sociales qui nous rendrait heureux et pourrait même contribuer à nous garder en bonne santé.** Être proche de sa famille, de ses amis et de sa communauté serait bon pour nous ; ces connexions sociales contribuent à une vie plus longue et saine.

De saines habitudes de vie émotionnelles et relationnelles seraient non seulement bonnes pour la santé mentale, mais pour la santé physique également. La solitude et l'exclusion, quant à elles, tuent. Être seul, isolé, ostracisé, accélérerait le vieillissement du cerveau – il dépérirait plus tôt et plus vite en plus de miner notre santé mentale. Cependant, pour avoir de saines relations avec les autres, il faut développer de saines relations émotionnelles dans notre vie.

L'adoption de saines habitudes de vie, en particulier d'un mode de vie actif et d'une bonne alimentation, est un facteur déterminant pour la santé. Faire de l'activité physique régulièrement permet de prévenir plusieurs maladies chroniques, comme les maladies du cœur et le diabète de type 2. Si l'activité physique aide à diminuer le stress et à améliorer la concentration, une alimentation nutritive et équilibrée constitue également un facteur déterminant pour la santé.

Mais qu'en est-il des saines habitudes de vie émotionnelles et relationnelles ? Elles auraient aussi une incidence positive sur notre santé globale et notre longévité. Selon la recherche, les saines habitudes de vie émotionnelles et relationnelles devraient être les habitudes fondamentales à mettre en place afin que l'individu puisse s'engager dans les autres, telles que la saine alimentation et l'activité physique. Il a été démontré que les individus qui ont des problèmes émotionnels et relationnels ne sont pas motivés à s'engager dans les saines habitudes de vie telles que préconisées dans notre société.

Les saines habitudes de vie émotionnelles et relationnelles sont plus importantes que les autres puisqu'elles motiveront et guideront nos choix à travers l'ensemble des saines habitudes de vie. Ainsi, nous devons mettre en place des stratégies universelles afin de développer d'autres compétences que celles mises en l'avant dans le passé pour favoriser le vivre-ensemble.

L'analyse 2015 de données longitudinales menée par l'OCDE dans neuf pays confirme que les saines habitudes de vie émotionnelles et relationnelles permettent d'aider les individus à améliorer leurs résultats scolaires, professionnels et sociaux. Soulignons qu'une récente étude du *Center for Benefit-Cost Studies of Education* de l'université de Columbia a évalué les bénéfices économiques à long terme des saines habitudes de vie émotionnelles et relationnelles. La recherche a démontré que chaque dollar investi dans les saines habitudes de vie émotionnelles et relationnelles rapporte un retour d'investissement de 11 $ à la société. Les résultats de cette étude suggèrent donc d'investir dans le développement des compétences sociales et émotionnelles dans l'ensemble des sphères d'activités de nos sociétés modernes.

Tous les parents veulent que leurs enfants soient heureux. Si c'est la qualité de nos relations sociales qui nous rend heureux et nous fait vivre plus longtemps, il est urgent de leur apprendre à créer des liens sociaux durables et signifiants.

La puissance et la gestion des émotions

Marie-Paule De Valdivia
Assistant Clinical Professor of Social Work,
Department of Psychiatry;
Clinician, Yale New Haven Psychiatric Hospital;
Family Connections Leader National Education,
National Education Alliance for Borderline Personality Disorder;
Founder, DBT Therapist, Families On The Line, LLC.

Joseph a 15 ans. C'est déjà un grand gaillard, solide, aux épaules larges et à la coupe de cheveux à la mode, tout comme ses baskets. Son surpoids de 15 kg, dû aux médicaments, ne le ralentit pas. Mais son visage, qu'il s'efforce de maintenir neutre, reflète la douceur d'un enfant et son regard la crainte des autres.

Kelli, elle, a 19 ans. Ses hospitalisations à répétition l'ont retardée dans ses études. Un grand sourire éclaire son visage café au lait, encadré par une masse de cheveux roux. Le cerveau de Kelli lui envoie à intervalles réguliers des images terribles de tsunamis, de comètes frappant la terre, d'explosions nucléaires. Son sourire est un mensonge, une façade : il apparaît lorsque Kelli souffre d'anxiété profonde – et c'est la majorité du temps. Presque tout le monde est dupe, la trouve un peu bizarre mais gentille. Sa maman la trouve épuisante.

Kelli et Joseph, bien qu'habitant la même ville des États-Unis, ne se connaissent pas. Mais ils éprouvent la même souffrance. Tous les soirs, lorsque les distractions de la journée s'évanouissent, ils se retrouvent face à face avec leurs terreurs. Joseph se souvient tous les soirs et revit le moment où une bande d'étudiants l'a enfermé dans les toilettes de l'école et l'a abreuvé de coups, gratuitement, le laissant ensanglanté. Il a refusé alors d'en parler à ses parents. Sa première tentative de suicide a eu lieu quelques semaines plus tard. Tous les soirs, Kelli voit les images que son cerveau maintenant désencombré des distractions du jour lui envoie avec plus de clarté. Elle sait très bien que ses visions ne sont pas connectées à une réalité immédiate, mais l'émotion surgit, la crainte monte, devient panique. Elle a ressenti un peu de cette crainte toute la journée, qu'elle a passée en partie chez l'infirmière de l'école sous le regard réprobateur des adultes, et elle sait que demain ce sera le même combat. Kelli et Joseph et de nombreuses autres jeunes personnes (certains avancent le chiffre de 20 % de la population scolaire aux États-Unis), ressentent la même terreur à l'idée de devoir tout recommencer – demain. Retourner à l'école. Contrôler ses émotions. Gérer ses réactions. Essayer de s'intégrer, alors qu'on est si différent. Faire face à la menace : le jugement des autres, la crainte de la honte, de l'humiliation.

Pourquoi donc certains arrivent-ils à faire face à de grandes difficultés dans leurs vies, se relèvent, redémarrent ? Comment arrivent-ils à tirer des leçons bénéfiques de revers de fortune parfois profonds ? Et pourquoi donc certains autres fléchissent-ils face aux obstacles, en apparence incapables de les surmonter – malgré les rassurants « je t'assure, tu peux y arriver » de leurs familles et amis ?

Aucune surprise : c'est bien sûr dans le cerveau, merveilleuse machine, que se trouvent les réponses. Notre cerveau, formé par notre hérédité et ensuite par notre environnement.

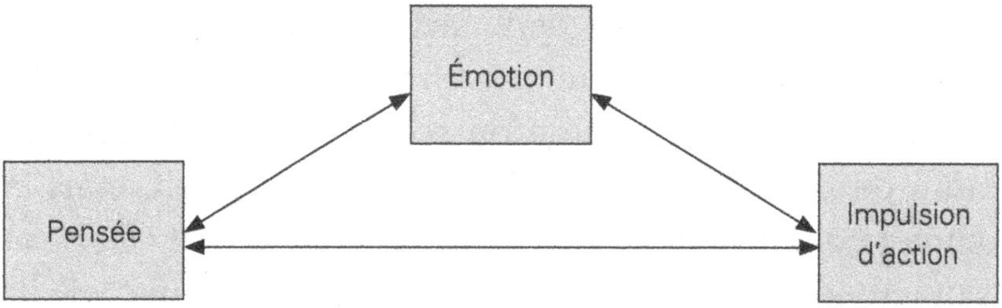

À chaque seconde de chaque instant, ce cerveau génère trois activités intimement liées, simultanément : il émet des émotions, il produit des pensées, il déclenche des actions (ou plus précisément des réactions physiologiques qui peuvent résulter en actions). Ce modèle des fonctions du cerveau est à la base d'une thérapie extrêmement répandue aux États-Unis, qui s'appelle la thérapie comportementale et cognitive (TCC). Le système américain de remboursement des soins, privatisé et restrictif, a encouragé l'identification de thérapies brèves mais scientifiquement validées, et la TCC en est un exemple. Au lieu d'explorer l'historique et les causes possibles des dysfonctions, la TCC se concentre sur les obstacles présents, avec pour but de dépasser les cognitions erronées (par exemple : « je n'y arriverai jamais »), les émotions accablantes (par exemple l'angoisse) et les comportements mal-adaptifs tels rituels ou isolement ; et elle s'attache à fortifier les comportements adéquats. La TCC a engendré d'autres thérapies plus spécifiquement adaptées à certains troubles, dont la thérapie de comportement dialectique (TCD), particulièrement efficace pour le traitement des troubles de personnalité limite ou, avec une adaptation nommée exposition prolongée (EP) pour la désensibilisation et le traitement du stress post-traumatique.

Revenons donc à nos trois activités cérébrales et prenons des exemples. Lorsque Joseph arrive enfin chez lui le soir, ou bien lorsque Kelli se réfugie chez l'infirmière de l'école, ils vont ressentir l'émotion du soulagement. Un nombre infini de pensées pourraient leur venir à l'esprit, mais la plupart commenceront probablement par le mot « Ouf », et tourneront autour du thème : « Je suis enfin en sécurité. » Et ils pourront aussi avoir de multiples impulsions d'actions, mais la principale sera certainement d'aller s'asseoir, d'être un peu laissés tranquilles ; tout comme nous le ferions à leur place.

Si le papa de Joseph arrive, soucieux bien sûr – quel papa ne le serait pas, chaque jour, sachant ce qu'a vécu son fils – et lui demande comment s'est passée sa journée, Joseph peut bien sûr ressentir toute une gamme d'émotions. Mais étant un jeune garçon sensible, au ressenti de la crainte de son père, la sienne va apparaître ; ainsi que peut-être un peu de culpabilité et une dose de honte, car il lui serait facile de penser qu'après tout il est la cause de tous ces soucis. La pensée correspondant à la crainte, la honte et la culpabilité dans cet exemple pourrait alors être : « je n'ai vraiment pas envie d'en parler », et l'impulsion serait ensuite de l'éloigner, d'ignorer la question, de s'isoler. Bien évidemment, si Joseph agit sur cette impulsion et en effet s'isole, le papa de Joseph n'est rassuré en rien, bien au contraire – et la spirale journalière d'anxiété familiale réapparaît. Quand sa maman arrive un peu plus tard, un regard envers son mari lui apprend tout ce qu'elle a besoin de savoir, son anxiété surgit, une pensée pourrait être « cet enfant m'épuise », ou bien « nous n'en sortirons jamais », apportant la tristesse et le désespoir. Ou même la frustration, ouvrant le chemin vers la colère.

Comme vous le voyez, l'ordre est indifférent : une action peut provoquer une émotion, de même qu'une émotion peut provoquer une pensée ou une action. Si vous le voulez bien, faisons une rapide expérience de métacognition. Imaginez maintenant que vous êtes un petit personnage de bande dessinée, avec une bulle au-dessus de votre tête dans laquelle est inscrite votre pensée du moment. Que dit cette bulle, en cet instant précis ? (Si vous n'avez aucune idée, eh bien voici ce que dit la bulle : « Je n'ai aucune idée » – l'émotion correspondante serait peut-être alors un peu de confusion ? J'espère que la bulle dit : « Ceci m'intéresse », et l'émotion serait alors la curiosité, avec comme impulsion d'action le désir de continuer cette lecture.)

Il y a beaucoup à dire sur chacune des émotions produites par nos cerveaux, et plus précisément par l'amygdale, une région du système primaire du cerveau. Que ce soit la honte, la joie, la crainte, la curiosité, l'ambivalence, la culpabilité ou la tendresse, chacune de ces émotions nous est extrêmement utile quand elle est à peu près bien calibrée : elle nous motive à l'action (ou bien nous paralyse). Elle envoie un message aux autres ; elle nous envoie un message à nous-mêmes. La profonde tristesse de Joseph le motive à venir travailler en thérapie. Elle m'envoie le message de sa souffrance et son besoin d'aide. Elle l'encourage à pleurer, à s'ouvrir, elle lui dit d'accepter cette aide.

La peur de Kelli, peur tout à fait justifiée au vu des alertes qu'elle reçoit bien involontairement, lui enjoint de s'enfuir, de trouver la sécurité pour survivre (c'est exactement ce qu'il faudrait qu'elle fasse si ces images correspondaient à une réalité quelconque). Quand Kelli ne la camoufle pas par son sourire, sa peur m'envoie le message que Kelli est en danger et a besoin de protection (voyez-vous pourquoi le personnel scolaire, plein de bonnes intentions, l'envoie à l'hôpital si souvent, ce qui en réalité ne sert pas à grand-chose si ce n'est de la calmer un peu ?). Et tout comme Joseph, son émotion l'encourage à accepter cette aide et ce refuge offerts.

Restons donc en compagnie des émotions de la peur : la peur est une grande famille dont le nom générique inclut la crainte, le souci, l'inquiétude, la frayeur, l'anxiété, la hantise, l'effroi, la phobie, la panique… La peur n'est pas un ressenti agréable, mais elle est d'une grande utilité : c'est un message interne, un petit drapeau rouge qui nous alerte d'un danger. Elle nous maintient en sécurité en nous activant fortement vers l'attaque ou la fuite pour certains, en nous paralysant pour d'autres.

En milieu scolaire, les petits drapeaux rouges d'alerte abondent : ce moment où l'on se trouve seul et isolé, même un instant, en cour de récréation ; l'instant où un étudiant profère un commentaire pointu qui fait sourire les autres à nos dépens ; la classe durant laquelle les feuilles d'examen sont distribuées, juste avant – quand on ne sait pas encore quel va être le contenu de l'interrogation ; ou juste après, quand on regarde les questions et qu'on a l'impression d'avoir tout oublié ; ou bien encore lorsque ces feuilles sont rendues, avec commentaires publics, par le prof. Tous ces moments peuvent facilement être source d'inquiétude, d'anxiété. Selon la manière, prédéterminée biologiquement, qu'a chacun de répondre à l'anxiété et de la gérer, ces moments vont être soit activants, soit paralysants. Et si, chez un individu, les émotions sont sur-calibrées, elles deviennent très vite ingérables : activées, elles se traduisent par des fuites, des agressions ou des réponses insolentes ; paralysées, par une incapacité à se souvenir du contenu du cours, à répondre aux questions. Ce moment de paralysie en lui-même génère souvent d'autres pensées (« je vais encore avoir une mauvaise note », « les autres vont se moquer », « mes parents seront déçus ») qui alimentent la peur. Cette peur s'accroît, devient panique.

Le jeune a-t-il maintenant plus ou moins de moyens à sa disposition pour gérer cette feuille d'examen, cet instant difficile ?

Il n'a aucune chance. Et pour lui, mieux vaut le refus absolu à l'échec répété. Nous voici donc à l'une des sources fréquentes d'isolement, du refus scolaire.

Poussons plus loin, vers une rapide exploration des effets profonds de la peur sur nos actions. Chacune de nos expériences de vie imprime notre cerveau. Heureusement, ces multiples impressions nous atteignent en dessous de notre « radar », c'est-à-dire qu'elles sont trop superficielles pour laisser une marque profonde. Essayez : vous souvenez-vous d'avoir croisé quelqu'un qui promenait son chien la semaine dernière, et quelle était la couleur de ce chien ? Il ne serait pas surprenant que vous n'ayez pas accès à ce souvenir précis.

Certaines impressions sont plus fortes et plus profondes. Elles s'assortissent alors d'une activation de nos émotions. Si la personne que vous avez vue avait un chien qui ressemblait exactement au chien de votre enfance, le souvenir (la pensée) en sera plus intense et il sera associé à une émotion (regret, tristesse, tendresse, etc.). Plus l'émotion est forte et riche, plus l'impression sera profonde. Si ce chien vous rappelle, non plus celui de votre enfance, mais hypothétiquement celui qui vous a quitté il y a un mois (profonde tristesse), et que de plus ce chien a manifesté un comportement agressif envers vous (peur), cet événement vous marquera plus profondément et si je vous demande si vous avez vu quelqu'un promener son chien la semaine dernière, vous n'hésiterez pas.

L'expérience qu'a vécue Joseph à l'école l'a marqué profondément. Il a été terrorisé dans l'instant, et par la suite il a ressenti beaucoup de honte et de culpabilité (culpabilité d'ailleurs non justifiée, car liée au renvoi de ses agresseurs). Il ressent aussi et continuellement une grande confusion. Il ne comprend pas pourquoi cela lui est arrivé. Son cerveau, tout au moins le côté rationnel (localisé dans la région du cortex frontal), essaie d'expliquer cet événement d'une logique ; et son cerveau, merveilleuse machine, a bien raison de le faire : s'il peut comprendre, il augmente les chances de pouvoir éviter que cela lui arrive à nouveau. Mais le côté émotionnel (le système limbique et plus précisément ce fameux noyau amygdalien) refuse toute intégration : il est bloqué dans une tentative de fuite, qui cause en cercle vicieux le revécu de son expérience dès qu'un événement déclencheur se présente (la vue d'un agresseur, une voix, un rire...).

Bessel van der Kolk, professeur de psychiatrie et auteur de l'excellent ouvrage *Le corps n'oublie rien : le cerveau, l'esprit et le corps dans la guérison du traumatisme*, parle de « l'anatomie de la survie ». Il explique que le côté rationnel du cerveau est totalement incapable de changer la réalité perçue par le cerveau émotionnel. Le traumatisme, quel qu'il soit, réapparaît, « inchangé et immuable ». Dans une optique similaire, une certaine rigidité mentale perfectionniste, la crainte de décevoir ses parents, la crainte de se décevoir soi-même, deviennent aussi des prophéties auto-réalisatrices, qui tout à la fois sont source de profonde anxiété et obstacle au succès tant souhaité. Le professeur van der Kolk souligne que « la capacité de bouger et de faire quelque chose pour se protéger du danger [perçu] est un facteur critique qui déterminera si l'expérience traumatique laissera des cicatrices profondes, ou non ». Que peut faire une jeune personne qui se sent harcelée par les autres ? Qui est paralysée face aux examens ou bien face à une question possible du professeur ? Qui déteste ses propres réactions, sans pour autant pouvoir les contrôler, et sans non plus savoir comment les changer ? Cette jeune personne n'a aucun moyen d'autoprotection, et nous pouvons comprendre que le refus scolaire soit son seul refuge, bien préférable au traumatisme revécu chaque jour, dans la réalité ou dans sa réalité émotionnelle – car pour elle, c'est la même chose.

Alors, que faire ? Face à la force de ces réponses émotionnelles, il faut bien être clair : attendre que le jeune résolve ses difficultés par lui-même n'est pas raisonnable. Nous pouvons donc donner la permission aux parents de cesser leurs injonctions répétées cent et mille fois, ce qui leur sera un grand soulagement : ils ne peuvent pas grand-chose dans l'instant sans avoir reçu au préalable une orientation et des conseils précis adaptés à leur situation. De même, le personnel scolaire qui n'a pas reçu une orientation particulière se tournera rapidement vers le jugement des parents, impliquant qu'en étant plus sévères, ou plus compréhensifs, ou plus présents, ou moins permissifs, toute cette problématique s'évanouirait certainement. La réalité est bien sûr beaucoup plus compliquée et nécessite un alignement entre l'enfant, les parents, le personnel scolaire et l'équipe thérapeutique.

Bien heureusement, cet alignement n'est pas aussi difficile qu'il puisse le sembler.

Il consiste d'abord à accepter que chacun fait du mieux qu'il peut, même si ce mieux n'est parfois pas très enthousiasmant dans l'instant. N'oublions jamais que s'il le pouvait, le jeune aimerait souffrir moins et avancer dans ses études avec ses camarades ; que ses parents aimeraient l'aider à y arriver d'une manière ou d'une autre ; que le professeur et le conseiller éducatif voudraient le voir en classe. Soyons clairs : personne ne réussit très bien, dans le moment précis où ce jeune reste isolé chez lui. Il est donc important d'accepter aussi que tous puissent et doivent apprendre à mieux faire. Cette approche dialectique inclut deux faits, en apparence opposés et pourtant vrais tous les deux : chacun fait du mieux qu'il peut dans l'instant – et nous devons tous apprendre à mieux faire. Ce non-jugement, cette acceptation sont impératifs et intégraux à la thérapie comportementale dialectique.

Alors, comment aider les familles à mieux faire ? Une réduction de l'anxiété bien compréhensible des parents semble diminuer au moins marginalement l'anxiété de leurs enfants. Poussant cette observation plus loin, une hypothèse est en cours de validation par des projets de recherche multiples : elle pointe vers l'efficacité clinique d'aider les familles d'abord à comprendre l'anxiété de leur enfant par une meilleure appréhension des mécanismes de l'anxiété, et ensuite à la gérer en mettant en place un plan de comportement solide – avant même toute intervention thérapeutique avec le jeune en souffrance.

De récents projets de recherche semblent donc bien valider qu'un soutien aux familles puisse être profondément utile, non seulement pour les familles mais pour les patients eux-mêmes. Le non-jugement et l'acceptation ainsi que de nombreuses autres compétences offrent la base d'un programme nommé « Connexions familiales ». Dédié aux familles de personnes souffrant de trouble de personnalité limite et plus généralement de dérèglement émotionnel chronique, ce programme lancé aux États-Unis il y a quinze ans et maintenant présent dans plus de vingt pays offre psychoéducation, acquisition et pratique de compétences et soutien. Sur un modèle d'entraide assez typique aux États-Unis, les classes sont enseignées par des membres de famille qui eux-mêmes ont suivi ce programme, puis qui ont été formés à l'animation du cours. Le programme dure douze semaines à raison de deux heures par classe. Il est gratuit car l'association qui le promeut (NEA-BPD) est entièrement gérée par des volontaires – parents et professionnels. D'autres associations parentales existent et offrent un soutien important, comme par exemple l'association Phobie Scolaire en France.

Les professeurs et le personnel scolaire à qui l'établissement offre la possibilité de suivre une formation professionnelle dédiée aux problèmes d'anxiété, ou plus généralement de dysrégulation émotionnelle, signalent des succès notables auprès de leurs élèves en difficulté. Grâce aux budgets indépendants des écoles américaines (chaque ville est responsable de ses écoles et les subsidie par les impôts fonciers), ces formations offertes par des thérapeutes compétents sont nombreuses aux États-Unis, bien que malheureusement souvent réservées aux communautés plus affluentes.

Bien sûr, les interventions qui impliquent le personnel scolaire en plus des familles et des jeunes en souffrance seront les plus efficaces : la jeune personne et le thérapeute jouent alors le rôle de chefs de file et déterminent les étapes comportementales, qu'ils expliquent ensuite aux parents et aux éducateurs. Chacun peut ainsi comprendre les buts à atteindre et encourager efficacement les efforts fournis en direction des étapes à suivre.

L'anxiété est une caractéristique de notre temps. De nombreuses méthodes sont offertes pour la gérer. Comme nous l'avons expliqué plus haut, les résultats d'études montrent que la plus efficace actuellement reste la thérapie cognitive de comportement ainsi que l'exposition thérapeutique à la source de l'anxiété. La résolution du traumatisme, le fait de rendre le pouvoir, de donner des choix à la personne en souffrance tout en la guidant solidement vers ses buts choisis dans un environnement de compassion, d'empathie et de non-jugement sont des interventions profondément thérapeutiques et efficaces. Quelle forme ce traitement a-t-il pris pour Joseph et pour Kelli ?

Avec soin, soutien et encouragements de part et d'autre, les parents de Joseph l'ont aidé à mettre en place une série de distractions le soir, et en famille ils ont décidé d'enlever la porte de sa chambre de ses gonds, lorsqu'en thérapie il est devenu clair qu'être dans une pièce fermée était un événement déclencheur pour lui. Il s'est inscrit à un cours de sociologie pour étudier et comprendre les comportements humains ; cours à la suite duquel il a écrit une lettre à ses agresseurs, leur pardonnant – sans savoir s'il l'a envoyée, nous savons qu'il a repris les rênes. Tout cela s'est fait sur quelques mois, dans un contexte thérapeutique dans lequel Joseph a pu raconter son histoire encore et encore, jusqu'à ce que son cerveau commence à percevoir le fil de l'histoire au-delà du traumatisme ; jusqu'à ce qu'il se pardonne de ne pas s'être défendu, traumatisme de second degré si fréquent chez les victimes ; jusqu'à ce qu'il accepte que dans ce monde, oui, des horreurs peuvent arriver et non, nous n'avons pas toujours le contrôle des événements.

Kelli, elle, avec grand courage, s'est engagée à éviter les hospitalisations avec un soutien thérapeutique adapté. (Je précise : bien qu'elle soit sous multiples traitements pharmacologiques que personne dans son équipe n'oserait interrompre au vu de ses symptômes, l'efficacité de chacun de ces médicaments est restée peu concluante.) Elle a travaillé dur pour enfin réussir à verbaliser des pensées fondées sur les faits, pensées qu'elle seule a identifié comme étant rassurantes. Au rythme de nombreuses répétitions, elle apprend à connecter cognitivement ces pensées avec les images qui lui apparaissent. Lorsque, grâce au traitement, nous avons pu réduire l'intensité émotionnelle des images, et avec un travail d'équipe réduire les craintes du personnel scolaire qui se chargeait de l'hospitaliser, elle a pu améliorer sa présence scolaire, retrouver espoir et préparer une entrée en université. Ce faisant, il s'est avéré que certains scénarios-catastrophe étaient liés à de grandes craintes, principalement irraisonnées, sur son environnement actuel et futur. Avec un frère plus souffrant qu'elle, elle était certaine que les espoirs de ses parents reposaient sur elle. Un travail continu pour assurer une communication familiale ouverte et claire a beaucoup aidé Kelli à vérifier les hypothèses qu'elle transformait instantanément en faits. Elle a pu entendre les espoirs plus réels de ses parents à son égard et son beau sourire qui camouflait tant d'anxiété apparaît moins souvent. Ce qui est un excellent résultat.

Ce ne sera jamais facile d'être Kelli, ni d'être Joseph[1]. Mais ils sont tous deux, comme nous tous, pleins de promesses. Ils sont repartis de l'avant, doucement. Certains jours sont plus difficiles que d'autres : le cerveau ne désapprend jamais, il leur faut donc trouver des solutions, utiliser des compétences apprises, s'appuyer sur leur équipe. Mais ils voient leurs progrès et chacun d'eux vit avec espoir et avec le soutien et la compréhension de sa famille – que demander de plus ?

1. Kelli et Joseph ne sont les prénoms d'aucun des quatre patients dont les expériences et résultats sont relatés ici ; de plus, certains détails ont été changés pour assurer toute confidentialité.

Pierre est dans son salon. Il ferme les yeux. Un vide intense l'envahit. Il s'accroche à un point immobile, irréel, qui semble flotter en l'air et qui lui échappe. Il tombe avec. Il voit un lac sombre apparaître, des vagues sur le rivage, la lune et le reflet d'une montagne. Il est assis au milieu des arbres. Il a froid. La neige crisse sous le mouvement de ses pieds. Il ouvre les yeux. Il se sent le besoin de décrire la scène. Il utilise des phrases simples et courtes. Soudain il note les mots revanche, trahison, rivalité. Il voit son frère l'écraser, lui donner des gifles. Il écrit : la lune est l'autre, suspendue dans le ciel. Des larmes qu'on préférerait ne pas voir tomber à terre. Comme un ballon, elle s'est envolée. Quand il a fini, le frère s'est évanoui. Il reste le vent entre les branches et le souffle d'un cheval qu'il caresse.

Phase 1 / AU MOMENT DES FAITS

Le jour est un enfer, la nuit est un cauchemar. Je n'ai pas de répit. Ce que je vis le jour est amplifié la nuit. Les insultes, les moqueries fusent. Je suis déstabilisée. Je ne réagis pas, j'encaisse. Je cours, une fille me fait un croche-pied. Je tombe. Elles rigolent. Je ressens un sentiment d'incompréhension, de solitude, même dans mes rêves. Quand je me réveille, je me sens mal, angoissée.

Phase 2 / 10 ANS APRÈS LES FAITS

Le jour je me sens apaisée, mais la nuit le harcèlement me poursuit. Seulement, maintenant, c'est moi qui ai le dessus. Je suis dans la rue. Je marche. Soudain, un groupe de trois garçons commence à m'agresser, Ils sont costauds physiquement, font plusieurs têtes de plus que moi, mais étrangement je ne ressens aucune appréhension. Ils me frappent, je me défends. Je leur mets des coups de poing. Je les mets à terre avec une facilité déconcertante.

Expérience de Mia Clarke, Marilyn Clarke et Magdalena Bak-Maier

Nous sommes le reflet des expériences qui nous ont le plus profondément façonnés, mais nous devenons ce que nous voulons être malgré elles.

Mia Clarke, Marilyn Clarke et Magdalena Bak-Maier (PhD).

La vision d'une famille gay et moderne sur les nombreux visages du harcèlement, leur héritage durable et comment parler des expériences passées, avec compassion et compréhension, permet de guérir le passé et donne du pouvoir à l'avenir.

Contexte

Plus tôt dans l'année, une invitation à animer un atelier pour le *New York Times* à Paris m'a permis de rencontrer Luc Mathis, avec qui j'ai fait mon doctorat à Caltech aux États-Unis.

Nous étions restés en contact sur Facebook, et j'ai vu cette visite comme une occasion parfaite de se revoir après de nombreuses années et d'échanger sur nos vies. J'ai fait la transition dans ma carrière en appliquant ma formation en neurosciences à l'automatisation humaine par le coaching et la thérapie, et notre conversation s'est terminée sur un projet que Luc poursuivait en tant que parent d'enfants harcelés.

Mon travail sur l'intégration du cœur et de l'esprit vise à aider les gens à guérir les conflits internes et les blessures, à leur donner les moyens de briller et, comme j'ai à la fois une expérience personnelle et professionnelle, j'ai eu l'impression de pouvoir offrir une perspective précieuse.

Ma partenaire depuis quatre ans est une femme gay, mère célibataire, métisse, qui a eu un passé difficile. Le sujet du harcèlement à l'école et de son impact sur notre fille de 12 ans a dominé les discussions du souper pendant des semaines. J'ai donc pensé qu'il pourrait être intéressant pour nous trois de co-créer cet article pour aider les autres et aussi pour nous aider à accepter nos expériences et comment ce que nous avons vécu peut nous aider à devenir de meilleures personnes.

Vous trouverez ci-dessous (1) trois courtes histoires personnelles de chacun d'entre nous qui donnent un aperçu de nos expériences de harcèlement. Suivi par (2) une discussion qui a eu lieu entre nous alors que nous partagions ces expériences et en (3) un processus que vous souhaiterez peut-être adopter pour vivre un exercice similaire avec votre famille. Enfin, en utilisant mon modèle d'intégration du cœur et de l'esprit, j'offre (4) des idées sur la façon dont nous pouvons utiliser notre passé pour guérir les conflits internes et devenir plus autonomes. L'article se termine (5) par des conseils pour tous, professionnels et profanes, qui souhaitent se libérer de l'héritage dévastateur que le harcèlement, quel qu'il soit, peut causer et comment surmonter le danger d'être victime de la violence en passant outre et (6) des ressources recommandées de ma pratique pour prendre le temps de parler et de parler de ses émotions. Les histoires sont accompagnées de dessins originaux de Mia Clarke. Il s'agit d'un outil en soi – pour vous aider à ouvrir des discussions sur les interactions humaines, le harcèlement et sur l'impact que cela a sur toutes les personnes concernées.

1. Trois courtes histoires vraies sur ce que c'est que d'être victime de harcèlement

Enfant, j'ai été victime de harcèlement à la maison, à l'extérieur dans mon entourage proche et à l'école. J'étais effrayée, réduite à être timide et silencieuse. Je me suis

repliée sur moi-même pour me protéger car je n'avais personne pour me protéger. J'étais et me sentais seule. Cette solitude me hante encore en tant qu'adulte et affecte mes relations avec les gens et le monde.

Le bruit du moteur de la voiture de mon père me faisait peur. Je savais que son retour tardif, après avoir pris un verre avec ses amis, entraînerait une dispute avec ma mère. Puis leur colère s'abattrait sur mes frères, mes sœurs et sur moi. Souvent, et sans raison, de grandes mains, des lanières de ceinture, de cuillères en bois et des mots durs nous tombaient dessus.

Aller acheter une miche de pain impliquait un calcul de l'itinéraire le plus sécurisé, du côté des voitures garées, ce qui me permettait d'éviter mes harceleurs. Parfois, ils attendaient dans les cages d'escalier, leurs bouches remplies de crachats racistes. Leur ADN s'infiltrait en moi au travers de mes vêtements comme du venin, me marquant comme leur victime. D'autre fois, je me rendais à l'école à pied, suivie d'un groupe de garçons chantant « Nègre, nègre, nègre, oi, oi, oi ». J'accélérais en espérant qu'ils ne me blesseraient pas avec leurs poings.

À l'école, ce n'était pas beaucoup mieux. Les profs pensaient que j'étais stupide parce que j'étais noire. Ils disaient que je n'arriverais à rien ou que je pourrais essayer de devenir vendeuse. Quand ma mère a dit qu'elle voulait que j'aille à l'université, ils l'ont trouvée folle. Rétrospectivement, j'ai eu l'impression que mon sort était marqué par ceux qui étaient au pouvoir, surtout parce que j'étais une fille noire, pauvre, de classe ouvrière, métisse, et plus tard une femme queer.

Le harcèlement est profondément blessant. Cela m'a fait peur à bien des égards. Il a laissé des traces indélébiles, me faisant douter de mes capacités, à saboter les opportunités qui s'offraient à moi et à perdre confiance dans le processus. Il m'a fallu beaucoup de temps pour découvrir ma voie et pour comprendre que je pouvais me défendre. J'ai enseigné à mon enfant l'empathie et elle agit avec gentillesse et compassion. Elle a également été victime de harcèlement, mais elle a eu des gens vers qui se tourner lorsqu'elle en a fait l'expérience. Ma fille a un foyer aimant et sûr.

Marilyn, 52 ans

Lorsque j'ai commencé l'école secondaire, j'ai été heurtée par le nombre d'actes de harcèlement qui se produisaient. Les élèves de mon âge et plus âgés peuvent blesser les

autres, non seulement physiquement, mais aussi par leurs paroles et leur comportement. C'est ce qui est arrivé avec une fille appelée Amanda. C'était ma meilleure amie à l'époque et j'étais heureuse. Ce que je n'avais pas réalisé, c'est qu'elle faisait du cyber-harcèlement sur mes amis les plus proches via *les réseaux sociaux. J'avais ajouté Amanda à une discussion de groupe WhatsApp dans l'espoir de créer des liens entre Amanda et mes amis. Malheureusement, cela a eu l'effet contraire : Amanda a fini par leur faire du mal. Au début, quand ils ont parlé de certaines choses qu'elle disait, j'ai refusé de les écouter, je pensais qu'ils étaient jaloux de mon nouveau cercle d'amis. Les choses ont empiré au cours des semaines suivantes. Un de mes amis m'a envoyé une capture d'écran d'un des messages d'Amanda Elle disait des choses horribles sur moi derrière mon dos. J'ai mis Amanda face à ce sujet et bien qu'elle ait admis ses erreurs, elle continue de harceler les autres ! Nous ne sommes plus des amies proches. Je suis amie maintenant avec Amy, une autre fille qui a été harcelée par Amanda. Amy est gentille, honnête. Un jour, une grosse dispute a éclaté entre Amanda et moi parce qu'Amy était mon amie. Je lui ai dit ce que je pensais d'elle. Amanda s'est mise en colère et m'a insultée. Une autre de mes amies, Sophie, s'est jointe à nous et Amanda l'a giflée. Sophie l'a giflée en retour. Nous avons toutes été grondées et punies pour mauvaise conduite. Après en avoir parlé avec ma famille, je comprends pourquoi Amanda a pu agir comme elle l'a fait. Elle n'avait jamais eu d'ami. Elle se sentait mal placée dans notre groupe et ne savait qu'exiger des choses en créant des conflits.*

J'ai pitié d'elle quand je la vois à l'heure du déjeuner en train de suivre un groupe de filles qui ne font pas attention à elle. Le harcèlement est un problème grave, mais il faut parfois pardonner à la personne qui harcèle parce que l'on ne sait jamais ce qui est à l'origine de son comportement.

Par Mia Clarke, 12 ans

Ma première impression sur la ville de New York fut l'odeur des hot-dogs frits à la poêle et le grésillement du bacon, de la saleté, de la sueur de la classe ouvrière. Des gens de toutes nationalités qui travaillaient dur pour aller vers quelque chose de mieux, sur la musique de New York de Frank Sinatra, alors que d'autres vivaient dans de magnifiques demeures, faisaient leurs courses sur la 5e Avenue et mangeaient dans des restaurants chics. Mon premier

souvenir brutal, c'est en sixième, celui d'un garçon plus petit que moi d'une tête. Il n'arrêtait pas de me traiter de stinkin pole et me disait de « rentrer chez moi », pendant que les autres enfants riaient. Je peux encore voir sa poitrine se gonfler et sa toute-puissance, acquise en se moquant de moi. Je n'avais pas d'amis et aller à l'école primaire était un cauchemar. Quand je l'ai dit à mes parents, mon père m'a dit en plaisantant « frappe-le juste dans le nez ». C'est ce que j'ai fait. J'ai défié le petit morveux après l'école. Mon cœur battait la chamade alors que j'envisageais d'avoir à me défendre pour que l'on me laisse enfin tranquille. Tout ce que je voulais, c'était juste cela. Le garçon s'est dégonflé et, d'une façon ou d'une autre, la nouvelle s'est répandue et les enfants m'ont laissée tranquille. Mais le harcèlement ne s'est pas arrêté. Pendant mon doctorat, je me suis sentie harcelée par des post-doctorants plus âgés qui ont fait pression sur moi pour que je les inclue dans mes articles en tant qu'auteurs. J'ai obtenu mon premier article et une couverture de journal et je me suis sentie extrêmement fière d'avoir réussi à leur tenir tête, mais j'avais perdu ma naïveté quant au fait que le harcèlement était une tactique. Après mon départ pour un post-doctorat au Royaume-Uni, mon directeur de thèse m'a forcée à accepter la publication d'un article dans lequel ma contribution était érodée, menaçant de mettre fin à ma carrière si je m'y opposais. La situation était, et est toujours, incroyablement douloureuse parce que tout le monde avait peur de tenir tête à cette figure. Cependant, j'ai le sentiment que la pire forme de harcèlement est d'utiliser l'amour et la paternité pour manipuler vos enfants, pour qu'ils soient et vivent comme vous le voulez. Aussi, en tant que femme gay, c'est mon père qui m'a fait le plus de mal. Être punie par l'isolement, le rejet et le repli sur soi, pour ce que je suis, me semble terrible. Je vois maintenant que c'était sa manière de tenter de me manipuler, de changer mon comportement. Alors que nous ne nous parlons plus, le harcèlement silencieux continue.

Magdalena, 41 ans

Coach et thérapeute, pionnière de l'intégration du cœur et de l'esprit pour guérir les conflits

2. Incidence

Le harcèlement ne fait pas de discrimination en fonction de l'âge, de la race ou de votre situation personnelle. Cela se produit aussi bien dans la salle de conférence que dans la classe. Il peut même, malheureusement, survenir au sein de la famille. Ce qui est clair, c'est que le harcèlement crée des obstacles, faisant en sorte que celui qui en fait l'expérience se sente désemparé, petit et souvent isolé. Lorsque Mia, notre fille, a fait ses dessins pour représenter les trois histoires, elle a naturellement comparé sa propre histoire à la nôtre et a immédiatement déclaré qu'elle estimait que le scénario qu'elle avait vécu était insignifiant par rapport au nôtre. Pour aller plus loin, je l'ai invitée à réfléchir à ce qui arriverait à un enfant de son âge qui serait placé dans la situation qu'elle a vécue pendant quelques semaines, puis des mois, puis peut-être sur une période de 3-4 ans. Quand je lui ai posé la question, elle m'a dit que l'enfant se mettrait en colère et qu'il riposterait. Il ou elle serait alors puni·e et les enseignants commenceraient à le considérer différemment, comme un enfant à problèmes. S'il continuait, l'étiquette nuirait à son image, à ses performances et à ses chances scolaires. Il ou elle pourrait devenir une victime sérieuse. Mia a écarquillé les yeux et a commencé à voir et à apprécier l'impact négatif potentiel de ce qui, en surface, pourrait sembler être un cas assez innocent de plaisanterie sur un terrain de jeu.

Alors, qu'est-ce que le harcèlement au juste ? Il est souvent défini comme un comportement répété qui vise à blesser quelqu'un physiquement ou émotionnellement et où le harceleur a un avantage physique, intellectuel, social ou psychologique. Le déséquilibre des forces (pouvoir) est la clé d'une dynamique de harcèlement. Les gens peuvent être harcelés pour toutes sortes de raisons : race, religion, couleur des cheveux, orientation sexuelle, ainsi que des comportements spécifiques. Il peut prendre la forme d'agression physique, de destruction d'objets appartenant à quelqu'un, de commentaires blessants, de taquineries, d'injures, de menaces, de propagation de rumeurs, d'exclusion des groupes et, grâce à la technologie et aux médias sociaux, il peut aussi se produire à distance. Parmi les signes qui indiquent qu'une personne pourrait être victime de harcèlement, mentionnons le fait qu'elle devient moins sociable, qu'elle perd de l'intérêt, qu'elle reste seule, qu'elle a l'air nerveuse et anxieuse, qu'elle perd confiance, qu'elle dort mal, qu'elle manque son travail ou ses études et qu'elle se déconnecte de son entourage.

Plutôt que de rejeter les situations de harcèlement – que nous nous sentions harcelés ou que nous remarquions du harcèlement autour de nous –, il est essentiel que nous prenions la parole et obtenions de l'aide. Ce qui pour une personne est un « lieu de travail exigeant » ou pour une autre « un jeu et une plaisanterie », peut se révéler nuisible pour une autre personne. Le harcèlement est profondément bouleversant et déstabilisant. Il a été démontré qu'il a un impact significatif sur la santé mentale et physique. Il laisse des cicatrices en sensibilisant la personne atteinte et l'aidant en anticipant les circonstances potentiellement menaçantes, ou en la désensibilisant, ce qui engourdit la douleur. D'une façon ou d'une autre, avec le temps, le harcèlement perturbe l'équilibre naturel de l'individu, qui est la clé d'un développement et d'un fonctionnement optimaux.

Le harcèlement peut avoir des suites beaucoup plus longues que nous ne le pensons pour les harceleurs et leurs victimes. La génération de ma grand-mère disait d'enterrer ses blessures dans un placard et de les laisser là, mais mon travail avec des clients a démontré que c'est souvent impossible. Le comportement agressif des harceleurs peut s'aggraver et se répercuter sur le travail et la vie familiale, créant ainsi des managers, des gestionnaires et des partenaires harceleurs. Nombreux sont ceux qui souhaitent être différents et certains ne mesurent pas leur comportement agressif jusqu'à ce qu'ils soient confrontés à des preuves. De même, les cicatrices de comportements passés qui n'ont pas été traités peuvent avoir une incidence sur la vie des victimes et leur choix de carrière, leurs relations intimes et leur estime de soi. Par conséquent, je crois que parler de notre passé nous aide à guérir, de sorte que ce qui s'est passé n'impacte plus le présent et l'avenir.

Marilyn, Mia et moi avons trouvé que parler de nos expériences de harcèlement nous a été incroyablement utile… Cela nous a donné une nouvelle perspective sur notre bien-être psychologique, l'occasion de considérer ce dont nous avons besoin pour nous sentir en sécurité, et a aussi aidé à faire que des sentiments tels que la peur, la tristesse et la déception soient considérés comme naturels et même sains. Cela nous a permis de comprendre que toutes les interactions humaines sont fondamentalement extrêmement complexes et délicates. Et la connaissance de notre histoire nous a permis, à ma partenaire et à moi, de mieux comprendre ce qui peut nous pousser à nous mettre sur la défensive et à nous isoler, deux éléments qui sont improductifs pour une relation saine. Plus nous parlions de nos expériences, plus nous avons commencé à démontrer à Mia que la vie est rarement parfaite, mais qu'il faut essayer de donner un sens aux événements de la vie, tant positifs que négatifs, en transformant ces expériences en une plus grande résilience et une meilleure santé mentale et émotionnelle.

3. Un processus simple pour ouvrir le dialogue lors de harcèlement et autres expériences blessantes

Vous trouverez ci-dessous un processus pour parler du type de situations qui peuvent ou ont pu vous nuire. L'idée n'est pas de justifier des comportements, mais plutôt de vous aider à examiner la situation et son impact sur vous. De vous aider à la transformer et à la guérir. Notre but est d'aider à retrouver un lieu sain afin de se réaliser au mieux. Il se peut que vous ayez besoin du soutien d'un professionnel qualifié pour vous aider. Je vous demande de ne pas sous-estimer la nécessité d'une telle mesure. Souvent, les gens essaient de rejeter les choses comme étant « insignifiantes » ou « font avec depuis longtemps », et pourtant ces situations ont encore un impact sur la manière dont vous vous sentez et vous comportez et il y a de fortes chances qu'il faille y porter plus d'attention. La question simple à se poser est la suivante : « Est-ce que la façon dont vous vous présentez et vous comportez dans votre vie en ce moment fonctionne bien pour vous et pour les autres ? »

Le pouvoir de l'amour authentique, de l'acceptation et de la connexion pour guérir et transformer les relations est énorme. C'est ce que nous devrions tous aspirer à créer dans nos familles.

La méthode de conversation

Demandez à chaque membre de la famille d'écrire ou de dessiner une scène qui représente une expérience qu'il a vécue ou dont il a été témoin et qui selon lui l'a fortement marqué.

Nous avons écrit environ les deux tiers d'une page chacune. Mia est très douée et a donné aux dessins une interprétation artistique, mais nous aurions pu aussi bien créer un dessin basique qu'une bande dessinée. La créativité est à mon avis très utile, car c'est un moyen ingénieux de se replonger dans la situation. Vous pouvez aussi choisir une couleur ou une métaphore. Par exemple : « Aujourd'hui, j'ai ressenti ma journée à l'école comme une pluie froide, ou comme le vent lorsque je n'ai pas de manteau. » Soyez créatifs et amusez-vous bien.

Partagez vos histoires et/ou créations avec les autres membres de votre famille et soyez attentifs. Il est extrêmement important d'écouter et d'être écouté. Peu importe qui prend la parole en premier, l'important est que tout le monde reçoive la même attention. Veillez à prévoir suffisamment de temps pour cette étape.

Discussion de chaque événement. Vous trouverez ci-dessous une série de questions que nous utilisons.

- Que voyez-vous ou entendez-vous dans l'image ou dans l'histoire ?
- Selon vous, qu'arrive-t-il aux principaux personnages ?
- Y a-t-il des témoins ? Quel rôle jouent-ils dans l'histoire ?
- Quelles sont les émotions clés ?
- Quelle est la relation entre les personnes ?
- Quelle est la victime sur cette photo ? En quoi est-elle victime ? Y a-t-il une autre victime ?
- Que se passerait-il si cette situation durait quelques minutes, quelques semaines ou même quelques années pour chaque participant ?
- Si vous pouviez améliorer la situation, que se passerait-il ?
- Comment vous sentez-vous, que ressentez-vous lorsque vous écoutez l'histoire ou lorsque vous voyez cette photo ?
- Que feriez-vous si vous étiez à la place de chaque personnage ?

Et enfin, il est important de se poser la question : y a-t-il un autre moyen de voir la scène ? Cela permet de souligner l'importance de l'influence des hypothèses, des préjugés, des valeurs et des idées préconçues dans l'analyse de chaque situation.

4. Tirer du processus les aspects clés de l'apprentissage

- Établir le besoin de chaque personne à ce moment-là,
- Examiner ce qui a pu rendre difficile la prise de parole,

- Explorer les conséquences et l'impact,
- Discuter sur le meilleur moyen de prendre en charge la situation, avec le recul nécessaire. Par exemple, si vous pouviez revenir sur la situation avec tout ce que vous savez maintenant, que feriez-vous ou pourriez-vous faire ?

Devenir acteur de soi-même lorsque nous reconnectons les cœurs et les esprits blessés.

En tant que coach, j'avance un modèle original qui, à première vue est très simple et intuitif, mais suffisamment puissant pour aider les gens à retrouver leur autonomie. Le modèle est basé sur l'intégration de l'esprit, du cœur, du corps et de l'âme. Imaginez un client qui se bat constamment contre l'image interne négative de lui-même, qu'il a intériorisée durant sa petite enfance lorsqu'on le traitait de « stupide ou de lent », qu'on l'a rejeté comme quelqu'un qui ne valait rien ou ne méritait pas d'intérêt. Bien que cela se soit produit dans le passé, ces voix se sont ancrées dans son esprit et prennent maintenant le dessus, diminuant la confiance en soi et la capacité de se créer une vie épanouissante.

L'individu devient timide, effrayé, et il est plus sensible aux situations conflictuelles. Leur peur aura une incidence sur bon nombre de leurs choix quotidiens. Ils peuvent quitter un emploi qu'ils aiment à cause d'un patron critique, ne jamais se mettre en avant pour exprimer une idée ou demander une promotion. Leur race ou leur sexualité sont à l'origine d'expériences où ils se sont sentis exclus, ce qui les a amenés à se replier sur eux-mêmes, à avoir le sentiment d'être laissés de côté, d'être oubliés. Ils n'ont jamais voulu être un outsider, mais leurs premières expériences et influences les ont façonnés pour le devenir. Et avec le temps, c'est devenu la norme. Être solitaire et différent fait partie de leur vie. Ce qui interfère aussi avec la façon dont ils communiquent avec les autres, avec les professions qu'ils choisissent, avec les opportunités qu'ils saisissent, mais aussi avec la façon dont ils élèvent leur propre famille.

Mon travail démontre que, pour exprimer pleinement le potentiel humain, la meilleure combinaison est un esprit, un cœur et un corps intégrés et en équilibre « homéostatique ». De cette façon, on se sent centré, enraciné, fort et plein de ressources. Le harcèlement tant qu'il persiste tend à déstabiliser cet équilibre. Et cela se reflète sur leur corps, leur manque de confiance a un impact même sur les muscles de leur corps. Tout dans leur posture le reflète, la manière dont la personne agit, se tient debout, parle et même bouge.

Ces signaux sont reconnus et on ne peut pas s'empêcher de penser aux premiers jours d'école, dans la cour de récréation, où certains enfants sont harcelés et poussés, simplement pour leur maladresse ou leur faiblesse apparente. Et cela peut continuer toute leur vie.

Le harcèlement est déstabilisant pour la connaissance de soi. Imaginez quelqu'un qui a un esprit artistique mais qui est harcelé (poussé par) par ses parents pour devenir avocat. Sera-t-il heureux ? Peut-être… Ou bien peut-être sera-t-il toujours en conflit avec lui-même, en pensant à ce qu'il aurait pu être s'il avait eu la force de suivre sa propre voie.

Mes clients me montrent chaque jour à quel point notre passé façonne notre comportement et notre action au quotidien. Par exemple, j'ai travaillé avec des gens qui recherchent l'amour tout en le repoussant systématiquement dès qu'il se présente. Un tel comportement paradoxal semble difficile à expliquer à première vue, mais une simple étude de leur passé montre comment leurs déceptions et leurs blessures passées ont fermé leur cœur ou déformé leur pensée en un mécanisme de protection qu'ils appliquent maintenant à chaque nouvel individu et à chaque nouvelle expérience. C'est le même processus dans le cadre du travail. Leur point de vue est déformé. Le harcèlement d'un patron leur paraît normal. « C'est normal, ceux qui détiennent le pouvoir abusent des autres. » S'ils rencontrent un patron compréhensif et attentionné, ils sont déstabilisés et peuvent commencer à le « harceler » car ils ne savent pas faire face à quelqu'un qui ne correspond pas à leur référentiel.

C'est pour cela que tous les professionnels de l'aide à la personne, qu'ils soient coachs, conseillers, thérapeutes, psychologues, formateurs, et même des professionnels des RH, reconnaissent le besoin d'espaces, de lieux de vie, pour améliorer l'intégration, la communication, la compréhension de l'autre. Nous serons toujours impactés par les expériences qui nous ont façonnés, mais nous avons la possibilité, le privilège de faire nos propres choix. Je crois en la liberté individuelle. Félicitons-nous de cela et soutenons-nous les uns les autres.

5. Conseils

J'aimerais conclure avec ces quelques conseils, non seulement en tant que praticienne, mais aussi en tant que parent, partenaire et aussi en tant que fille…

- Comprenez-vous et aidez vos enfants à se comprendre. Prenez le temps de parler de ce que vous ressentez, de ce que vous appréciez, de ce qui est important pour vous, quelles sont vos règles de vie, vos valeurs.

- Prenez le temps d'écouter l'autre. Posez toutes les questions nécessaires à une bonne compréhension de ce que l'autre vous dit.
- Pratiquez l'écoute active : en reformulant ce que vous entendez et en le restituant afin que l'autre se sente écouté.
- Discutez entre vous de vos hauts et de vos bas de manière régulière.
- Participez à des ateliers pour approfondir votre capacité d'écoute et de communication.
- Demandez de l'aide auprès d'un conseiller familial ou d'un thérapeute.
- N'ayez pas peur de montrer vos émotions à vos enfants. Faites-en quelque chose de naturel afin qu'ils se sentent autorisés à montrer les leurs, et qu'ils puissent exprimer leurs difficultés.
- Établissez des priorités et prenez le temps d'établir des liens profonds et vrais, en mettant de côté les liens virtuels.
- Expérimentez différentes approches.
- Soyez présent pour les personnes qui vous tiennent à cœur.
- Soyez curieux.
- Continuez à apprendre, soyez ouvert et prêt à changer votre façon de penser.

Traduction par Pauline, jeune adulte
qui a été concernée par la phobie scolaire.

6. Sources anglophones

1. Briser les barriers du harcèlement : Youtube video https://youtu.be/akHOcY9vBFQ
2. Ce site Web offre de nombreux points de vue et un forum: https://www.bullying.co.uk/
3. Sentiments et émotions flash cards by PictureMyPicture.

   https://www.amazon.co.uk/Feelings-Emotions-Flash-Cards-Language/dp/B072PCXDR5/ref=sr_1_1?ie=UTF8&qid=1534411919&sr=8-1&keywords=emotions+cards+for+adults
4. Les cartes émotions (Mood cards) : Donnez du sens à vos émotions pour la confiance en soi et le bien-être par Andrea Harrn

   https://www.amazon.co.uk/Mood-Cards-Emotions-Confidence-Well-Being/dp/1859063926/ref=sr_1_2?ie=UTF8&qid=1534411919&sr=8-2&keywords=emotions+cards+for+adults
5. Lumaland Jeu pédagogique pour la formation et la thérapie familiale, Constellations Familiales et Systémiques avec 30 figures en bois

   https://www.amazon.co.uk/Lumaland-Pedagogical-TRAINING-Systemic-Constellations/dp/B076ZLKVCQ/ref=sr_1_1?ie=UTF8&qid=1534412102&sr=8-1&keywords=wooden+figures+constellation+game
6. Ressources d'apprentissage

   https://www.amazon.co.uk/dp/B001SH7SS6/ref=sspa_dk_detail_3?psc=1&pd_rd_i=B001SH7SS6&pf_rd_

m=A3P5ROKL5A1OLE&pf_rd_p=4e9e4514-4dde-46ee-97c2-44451b168c2e&pf_rd_r=C5078791FT46QDMJ1MWX&pd_rd_wg=VQC0n&pf_rd_s=desktop-dp-sims&pf_rd_t=40701&pd_rd_w=Pm48M&pf_rd_i=desktop-dp-sims&pd_rd_r=a8db089e-a137-11e8-a234-b97fbac65c1d

Les conseils d'un coach

Christelle Schnitzer,
coach et administratrice de l'association Phobie Scolaire.

L'approche d'un enfant en souffrance, en particulier suite à une situation de harcèlement, nous amène, nous parents, adultes, investis du devoir de réagir au plus vite ! Comme investis d'une mission pour ne plus voir nos enfants dans une situation de souffrance, de mal-être, de désespoir qui les ronge au jour le jour, du pourquoi moi, du pourquoi lui !

Comme si cela est tolérable pour nous adultes, et n'avait pas le droit d'arriver à nos enfants…

Bien souvent nous partons dans une course effrénée de recherches de solutions, pour guérir au plus vite. Qu'est-ce qui fait que notre enfant subit, alors que d'autres trouvent les ressources en eux pour traverser brimades, moqueries, violences verbales, violences physiques. Nous perdre dans la recherche d'un quelconque coupable. Mais à qui donc la faute ?!!!

Je souhaite, par ces quelques lignes, tout d'abord de maman concernée, y ajouter ma vision de thérapeute, l'une a forgé l'autre, vous aider dans l'accompagnement d'un enfant en phobie scolaire, victime de harcèlement. Je commencerai par vous dire, arrêtez-vous, accueillez tout d'abord les émotions qui se présentent, acceptez votre impuissance, ce sentiment d'être totalement démuni, de ne pas savoir quoi faire pour votre enfant… Prenez ce temps précieux pour pleurer avec vos enfants, partagez leur peine, leur colère, leur sentiment d'injustice, partagez votre propre impuissance face à cette situation, être adulte est loin de vouloir dire savoir réagir peu importe les circonstances. Surtout, gardez à l'esprit que le point commun entre tous les êtres humains, ce sont nos émotions, nous en sommes tous dotés, et chaque personne les accueille avec sa sensibilité qui lui est propre.

Un terme récurrent, dans la majorité des témoignages d'enfants victimes de violences de leur environnement social, l'hypersensibilité. Ces flots d'émotions qui leur font littéralement perdre pied face aux attaques verbales et/ou physiques. Pour une partie d'entre nous cela a un effet totalement anodin. Ces enfants déclenchent un tsunami d'émotions, qui consume leur capital « confiance en soi » encore fragile et en pleine construction.

À l'aide de différents spécialistes qui se sont joints à moi, je vous fais part d'une liste non exhaustive de pistes à explorer, avec pour objectif de renforcer le pilier, le capital « confiance » de votre enfant. Explorer ces pistes tout en privilégiant un suivi médical pour encadrer les avancées est primordial. Que ces différentes approches et thérapies peuvent être des outils complémentaires pour un accompagnement adapté au rythme de chaque individu. Pas de remèdes ou solutions miracles. Garder à l'esprit un point essentiel, la relation aidant-aidé. L'accompagnement peut se faire à condition qu'une relation de confiance s'instaure. Il arrive qu'un thérapeute dans une discipline ne convienne pas à votre enfant, rarement lié à la discipline, cherchez la personne qui s'adaptera et qui sera garante de la mise en place et la pérennisation de celle-ci.

Cherchez l'approche pluridisciplinaire adaptée à ses, à vos besoins, ne cherchez pas la quantité, et au placard les dates butoirs. Faites abstraction du temps, voyez-le comme un allié. Il est possible que progressivement les besoins évoluent. Restez dans l'idée que si une solution a fait ses preuves, ralentissez, arrêtez, découvrez de nouvelles pistes ou tout simplement laissez place aux expériences de la vie avec des ressources nouvellement renforcées.

J'ai rencontré *Anne de Saint Vaulry*, praticienne en neuro-intégration spécialisée dans les troubles de l'apprentissage et le déficit de l'attention. J'ai découvert son approche tout aussi atypique que nos enfants, l'alliance de méthodes inspirées par le mouvement :

Anne : « En cas de choc ou de stress intense, un travail sur le corps et les sens est indispensable et peut passer par l'intégration des réflexes archaïques.

Les réflexes archaïques sont la base de notre construction neurologique. Indispensables à un bon développement moteur, émotionnel et cognitif, ils s'intègrent par la répétition de mouvements naturels et spontanés en réponse à des stimuli sensoriels.

Leur non-intégration impacte notre développement. Enfant ou adulte, ils ont un impact direct sur les apprentissages, le comportement et la gestion des émotions.

En cas de situation menaçante, de nombreux réflexes peuvent se réactiver et parasiter lourdement notre fonctionnement psychomoteur et notre système tonique postural.

Nos organes de sens et nos organes internes (estomac, intestin, cœur) envoient des signaux à notre système limbique pour nous permettre de ressentir afin de fuir ou de combattre.

Certaines personnes vont même jusqu'à réprimer leurs sentiments et émotions, pour se protéger et ne pas souffrir.

Cependant, même s'ils sont réprimés, les mécanismes de protection s'activent dans notre corps et peuvent se traduire ainsi par une hypersensibilité voire une inhibition de certains sens.

Le sens proprioceptif se traduit par une perte de repères spatiaux, une peur de la foule, de sortir.

Le sens vestibulaire se traduit par une sensation de vertige.

Les sens visuel, auditif, olfactif, avec des stimuli visuels, des bruits et des odeurs vécus comme une agression.

Au niveau du corps physique, le tonus musculaire est impacté avec une hypertonicité qui se traduit par une contraction des muscles respiratoires et du diaphragme, ainsi que des muscles du tronc et de la nuque. Les muscles fléchisseurs se contractent, ceux du mollet raccourcissent, les genoux fléchissent et se verrouillent. Tout le poids du corps se transfère vers les orteils et pour rester debout, les muscles du dos et du cou se contractent.

Toute la chaîne arrière se bloque et se fige, entraînant un risque de stress constant, un retrait volontaire, de la timidité, un mutisme…

C'est ainsi que nos schémas primitifs se bloquent et se répètent en boucle ; il devient alors primordial de travailler chaque réflexe archaïque pour permettre un meilleur traitement des capteurs et retrouver notre capacité sensorielle, cognitive et motrice.

Il est tout à fait possible de les « réintégrer » par des stimulations des sens, et un programme de mouvements rythmés ».

J'en viens à la présentation d'une de mes approches, la sophrologie. Une méthode inspirée par différents courants dont le yoga, la méditation zen, l'hypnose. Elle vise à travers une pratique régulière à tempérer, à découvrir, voire redécouvrir ses émotions d'une manière plus sereine. La pratique de la sophrologie permet d'être ni dans l'interprétation, ni dans le jugement. Atteindre de plus en plus facilement un état de relaxation qui invite à calmer le flot de pensées. Cela permet d'être moins dans l'anticipation d'éventuels événements avec un scénario « catastrophe » qui serait susceptible de se produire aussi et de les relativiser.

Pour cela sont utilisés des protocoles, c'est-à-dire des exercices pratiques guidés et basés en tout premier lieu sur la respiration. Ensuite, le praticien s'adapte à la demande. Il guide l'enfant par le biais de mouvements, de visualisations, l'aide à prendre conscience de ses sens en utilisant une approche dite « ludique » adaptée à l'âge de celui-ci. Les sophrologues peuvent allier d'autres méthodes à leur pratique, par exemple l'EFT (*technique de libération émotionnelle*, en anglais : *Emotional Freedom Techniques*). Une méthode qui consiste à tapoter du bout des doigts les points d'entrée des méridiens d'acupuncture en répétant une phrase positive en rapport avec le problème traité.

Une autre approche que m'a présentée Élodie Kieffer, une éducatrice spécialisée reconvertie en praticienne en kinésiologie. Et en particulier le *Brain Gym* ou « kinésiologie éducative ». Elle permet d'améliorer les capacités d'apprentissage et d'adaptation.

Élodie : « Le principe sur lequel s'appuie la kinésiologie est qu'au départ tout est équilibre. Chacun de nous dispose de toutes les ressources dont il a besoin. Cependant, au travers de notre éducation, nos expériences de vie, notre histoire naissent un certain nombre de croyances voire de traumatismes qui s'inscrivent dans la mémoire de notre corps. Le kinésiologue s'intéresse à ces mémoires qui peuvent être tant physiques qu'émotionnelles, que psychologiques ou encore énergétiques. Pour interroger le corps, il se sert du test musculaire qui va traduire les déséquilibres, les tensions, les blocages à dénouer et/ou libérer. Inspirée de la médecine chinoise en termes de circulation d'énergie et de la chiropraxie, la kinésiologie aide à restaurer les capacités adaptatives de l'individu en le libérant de ses blocages physiques, psychiques, émotionnels. En redonnant accès à la personne à toutes ses capacités, cela lui permet de refaire l'expérience de situations jusqu'alors difficiles voire insurmontables, avec un regard nouveau. Petit à petit, la personne gagne en autonomie et retrouve confiance en elle.

Je ne détiens ni vérités, ni réponses. Je m'appuie uniquement sur les réponses données par le corps au travers du test musculaire ».

Hatice Rubenthaler me parle de son métier d'éducatrice spécialisée indépendante.

Hatice : « Il arrive que certains d'entre nous fassent le choix de s'installer en libéral afin de pouvoir travailler différemment.

Le plus souvent, nous intervenons à domicile pour soutenir, relayer, conseiller ou accompagner les familles, les enfants ou les personnes afin de tenter de faire évoluer la situation qui pose problème. Nous pouvons également organiser des sorties collectives, des séjours de rupture, ou des ateliers... Contrairement à l'éducateur qui travaille en association ou institution, l'éducateur libéral a l'avantage de pouvoir réellement s'adapter aux besoins des familles, ou des personnes tant au niveau des rythmes de chacun, que de la forme et du fond. Il travaille évidemment dans le respect de la déontologie de son métier et la limite de ses fonctions d'éducateur spécialisé.

Cela me permet de proposer un accompagnement éducatif adapté auprès de parents et d'enfants victimes de harcèlement scolaire. L'accompagnement diffère selon le moment où la famille fait appel à moi.

J'ai la possibilité d'aller à la rencontre de l'équipe éducative de l'établissement scolaire en tant que professionnel du secteur social ; être médiateur lors des rencontres ; relayer les parents lorsqu'ils en ont besoin ; mettre dans le circuit d'autres professionnels qui peuvent également aider ; le soutien scolaire à domicile peut s'avérer utile afin que l'enfant ou le jeune garde un lien avec les apprentissages.

Le harcèlement peut amener l'enfant ou le jeune à rencontrer des difficultés à revenir dans un cursus scolaire classique. Il est alors utile de travailler la relation avant toute autre chose. Dans ces cas-là, il est possible de proposer des ateliers éducatifs à but thérapeutique à travers des jeux stratégiques, des ateliers de peinture ou art-créatif, du théâtre d'improvisation ou du chant, des ateliers philosophiques, des sorties individuelles ou collectives… Le but recherché ici sera d'aider le jeune à reprendre confiance en soi et en l'Autre, à reprendre plaisir à faire, à partager ».

Mon parcours m'a fait découvrir le coaching scolaire, destiné à aider un jeune en période de scolarité à prendre en main ses ressources et ses capacités pour retrouver ou développer sa confiance. Non seulement cela permet d'avoir une compréhension plus fine du fonctionnement personnel de l'enfant, d'accepter sa spécificité mais aussi de mettre en place des outils, la gestion des conflits, une amélioration du quotidien, une évolution positive des relations.

Une nouvelle compréhension de soi et de l'autre permet bien souvent de dédramatiser de nombreuses situations.

Il y a bien sûr de nombreuses autres solutions. Les approches citées sont le fruit de mes rencontres et mes expériences. Je vous invite à parler des problèmes que vous rencontrez. De nombreux conseils vous seront proposés, faites vos propres expériences, car une approche qui aura été très utile pour un enfant ne l'est pas forcément pour tous les enfants. Acceptez de prendre le temps, il est très difficile en tant que parent de voir nos enfants souffrir. Et si nous allons trop vite en besogne, il est possible de brûler des étapes nécessaires à l'enfant pour se reconstruire. Partagez permet de se sentir moins seul. Les associations sont souvent des bouffées d'oxygène pour nous parents, rencontrer des personnes qui ont un parcours tout aussi atypique que le sien amène soutien, réconfort, et bienveillance dont nous avons tant besoin dans ces passages délicats. Échanger avec d'autres personnes m'a permis de diriger mes recherches, à force de glaner des informations de-ci, de-là, j'ai exploré les pistes qui m'ont été proposées, lecture, rencontres, conférences, et il m'est arrivé d'oublier l'essentiel :

PENSEZ à garder une activité ludique ou sportive régulière avec vos enfants, jeux de société, natation, jogging, tennis, ping-pong, balades… quelque chose qui leur fait du bien et qui vous fait sortir du contexte « Problèmes ».

Aérez-vous l'esprit, exit médecins et thérapeutes, juste vous et vos enfants !

Certaines méthodes ou techniques abordées font partie de la famille des thérapies énergétiques fondées sur le lien corps-esprit, principe qui émerge en force dans le monde des psychothérapies et de la santé alternative. Il est bien sûr nécessaire de garder un regard objectif concernant ces approches, la vigilance est de rigueur, car pour nombre de ces thérapies il n'y a pas de réglementation existante, il s'agit de professionnels indépendants qui exercent une activité intellectuelle liée à une science ou un art.

La plupart des professions libérales non réglementées sont libres et ne nécessitent aucune autorisation ni diplôme. Par exemple, un consultant en création d'entreprise peut s'installer librement, sans contrôle. La différence avec les professions libérales réglementées est qu'elles sont soumises à un ordre professionnel et doivent respecter des règles déontologiques précises.

Suivez vos propres intuitions, le bouche à oreille est source de nombreuses solutions, ne limitez pas une technique à un thérapeute, attendez que le brouillard de vos incertitudes se dissipe, le temps est votre meilleur allié. Respirez profondément, observez ce qui est là, et avancez pas à pas.

Annexe

Les facteurs de vulnérabilité

Flora Aubertin, Camille Benoit

Voici deux définitions[1] en guise de préambule :

Facteur : « Agent, élément qui concourt à un résultat ; cause. » 173

Vulnérable :

- « Qui est exposé à recevoir des coups, des blessures.
- Qui est exposé aux atteintes d'une maladie, qui peut servir de cible facile aux attaques d'un ennemi.
- Qui, par ses insuffisances, ses imperfections, peut donner prises à des attaques. »

Peut-on prévoir qu'un enfant sera victime de harcèlement scolaire ? Existe-t-il un délit de faciès ? Les plus chétifs sont-ils les plus fragiles ? Ces questions restent encore bien trop présentes face au harcèlement, faisant écran aux enjeux relationnels ou

1. Dictionnaire Larousse.

liés à l'environnement scolaire ou familial qui sont souvent à l'œuvre.

Un des besoins fondamentaux d'un enfant est la sécurité. Or, le harcèlement scolaire, par définition, est imprégné d'insécurité. Il acte ainsi la défaillance d'un cadre qui serait insuffisamment contenant et sécurisant : des règles floues, mal transmises, non respectées, dont la transgression n'est pas suivie de conséquences… Les attaques du cadre, les règles non entretenues par les enseignants ou autre référents scolaires font le lit d'un climat scolaire « insécure » où tout devient possible, et parfois le pire.

Dans ce texte, nous ne chercherons pas à dresser la liste des facteurs de vulnérabilité ou des contextes pouvant être en cause dans les situations de harcèlement. La piste que nous suivons est celle d'une compréhension des facteurs de vulnérabilité afin de mieux comprendre les conséquences parfois bien trop désastreuses (perte d'appétit, de sommeil, inhibition, repli, décrochage scolaire).

Lorsque l'on reconstitue l'historique de ces situations de harcèlement, le point de départ est un épisode qui peut sembler banal, mais il en est tout autrement pour l'enfant. Son estime de lui-même, la confiance qu'il avait auprès de son école et des adultes s'est effondrée. Il répond maintenant à des injonctions, à du chantage qui pour lui porte et représente l'autorité. Plus précisément, il se soumet aux dires d'autres enfants, adolescents et au travers de ces demandes, valide l'autorité exercée sur lui-même. On peut citer comme exemple : demander de faire les devoirs, de donner des objets qui lui appartiennent.

Le point de départ est très souvent une scène précise où fusionnent un élément contextuel et une émotion intense.

L'enfant est dans une posture très inconfortable, où il se retrouve seul face à une situation qui l'angoisse voire le sidère. Pris dans un tel maelström d'affects, il n'a pas d'autres choix pour *se protéger* que d'accepter la situation. Cette situation est un *nouveau coup*, réactivant une scène passée ou simplement un ressenti qui instantanément se cristallise. Une nouvelle mise en sens s'articule pour l'enfant, et c'est le jeu entre ce ressenti et ces diverses réactivations dans la réalité qui alimente ces facteurs de vulnérabilité. C'est pourquoi l'une des actions les plus importantes à mener est d'interroger la tonalité, le vécu émotionnel. Il est important pour les parents, comme pour les professionnels, d'accompagner une identification, une reconnaissance puis le déploiement de ces traversées émotionnelles. L'objectif étant de stimuler l'introspection[1] pour que de manière autonome leur réaction soit de l'ordre de l'interrogation puis d'une conflictualisation intrapsychique[2], et non d'une acceptation passive et actée comme « normale ». Le processus est relativement identique à la construction d'une pensée critique. L'objectif est d'aider l'enfant à se rendre compte de ce qu'il vit, de l'aider à mettre des mots (malaise, honte, joie, colère, refus, opposition, dégoût...) pour qu'il puisse mieux s'en dégager afin d'affiner son choix, ses positions.

On peut prendre l'exemple d'un enfant qui, en sortant de l'école, attend que son parent vienne le récupérer. L'attente est interminable, les questions fusent : « Où est-il ? M'a-t-il oublié ? A-t-il eu un accident ? » Cette réactualisation d'un

---

1. Observation que le sujet fait de lui-même, de ce qu'il pense.
2. Par intrapsychique, nous entendons l'articulation des différents éléments qui constituent la pensée d'un individu, par exemple entre son désir, son envie et un interdit qui lui a été posé.

sentiment d'abandon et d'inquiétude peut laisser la place à des moqueries de la part des autres : « Regardez-le, il est tout seul, même pas capable de prendre le bus... » (nous pouvons aisément imaginer d'autres répliques). Ici se rejoignent une émotion et un élément contextuel : en effet je suis tout seul devant le point de rencontre et personne (en l'occurrence mon parent) n'est là. C'est alors la réaction que va avoir l'enfant, les ressources sur lesquelles il va pouvoir s'appuyer qui lui permettront de s'en dégager, en demandant de l'aide ou en ne donnant pas trop de crédit à ces moqueries qui ne font qu'accentuer cette solitude et surtout son angoisse. Dans ce petit exemple, on espère que l'enfant soit capable de rationaliser (heure de pointe, s'il y avait eu un problème mon parent aurait prévenu l'école...) mais surtout qu'il puisse, à travers une conflictualisation, dire à son parent, après-coup : « Peut-être maintenant je peux prendre le bus et rentrer seul de temps en temps. »

On note très souvent que ces enfants sont dans une grande difficulté à partager ce qu'ils ressentent, ce qu'ils vivent au quotidien. Le harcèlement scolaire est la conséquence d'un fonctionnement intellectuel et émotionnel suffisamment solide, aux prises avec des angoisses d'abandon ou encore de performance. L'angoisse ou tout vécu relatif à la peur, l'inconfort et l'insécurité font partie de la normalité, c'est dans le traitement de celle-ci qu'il faut être vigilant. Finalement, la problématique majeure de l'impact du harcèlement est celle-ci : *Qu'est-ce que l'enfant cherche à tout prix à éviter en acceptant cette situation ? Plus précisément, quelle satisfaction un enfant peut trouver dans ce type de conflit alors même que celui-ci engendre beaucoup de souffrance ?* On peut faire l'hypothèse qu'il veut maintenir une image idéalisée à l'égard de ces adultes ? Ou encore parce que sa personnalité est plutôt introvertie, c'est alors le seul moyen qu'il a d'être avec les autres, quitte à être mis de côté et à subir des railleries.

Les activités sportives, musicales, artistiques vont permettre à l'enfant de ne pas se replier et rester avec ses propres ressentis. En tant que professionnel, nous envisageons ces loisirs à la fois comme un espace pour décharger (frustration, contentement) tout en y trouvant du plaisir, mais également avec une potentialité de transformation. Ces temps sont des espaces tiers permettant à l'enfant d'être lui-même à travers une activité plaisante. Pour les plus timides, il s'agira, et cela vaut pour tous les enfants, de les étayer dans leur quotidien et ce qu'ils vivent en tant qu'élève. Évidemment tous les parents demandent : « Comment ça va, s'il y a des papiers à signer, des interros de prévues... » Mais pourquoi ne pas demander à ces enfants qui ont passé tant de temps à l'école : « Qu'as-tu pensé de ce que tu as appris aujourd'hui ? Comment te sens-tu dans la classe ? Est-ce que les professeurs sont sensibles au fait que pour toi c'est difficile de prendre la parole ? »

Le schème du harcèlement scolaire est une mise au-dehors de ce qui est à l'intérieur même de l'enfant. Cette visualisation nous permet donc à nous adultes, d'avoir une action beaucoup plus ciblée et précise de ce qui se joue au niveau intrapsychique. Est-ce que l'enfant craint de se retrouver seul ? Ou bien craint-il de l'expression d'une agressivité qu'il ne saurait maîtriser ? Par exemple, un enfant qui est systématiquement malade avant d'aller en sport, qui se cache dans les vestiaires, oublie ses affaires... Les conséquences : il manque à l'appel au début du cours et son absence brille à la fois pour l'enseignant et pour le groupe classe. Il évite le cours, quitte à subir des moqueries, l'insistance d'un enseignant ou encore une sanction. Très souvent la problématique monte en épingle, à savoir des rappels à l'ordre, des mots dans le carnet, le professeur principal qui est au courant, le point final étant un rendez-vous avec les parents. Et c'est lors de ce rendez-vous, sous couvert de la confidentialité d'un entretien, dans une salle au calme et sans regard inquisiteur mais davantage tourné vers l'interrogation, que l'enfant pourra s'expliquer. Le sport est un domaine où un membre de sa famille excelle et plutôt que de le décevoir en n'obtenant pas une très bonne note, il préfère ne pas aller en cours, quitte à être mis de côté et réprimandé par les adultes.

Un premier accent doit donc être mis du côté du partage de ses émotions, ainsi qu'une attention particulière sur la manière dont l'enfant s'adapte à l'environnement. La communication et l'échange sont des clés de voûte permettant une articulation entre le monde interne de l'enfant et la réalité extérieure des situations de harcèlement. L'essentiel est d'accompagner un travail de liaison entre ce que ressent l'enfant et ce qu'il vit dans son quotidien. La quête affective surplombe parfois tout le reste et les enfants répondent d'abord à la demande de relation plus qu'aux contenus et conséquences de celle-ci. Cette possibilité de communication découle d'un lien suffisamment bon entre l'adulte et l'enfant. Il y a donc deux facteurs à retenir : accompagner une mise en mots ou en expressions des ressentis de l'enfant et une observation fine des stratégies d'adaptation au sein du groupe de pairs et plus largement de l'école.

Donald Winnicott explique que parfois certains enfants, pour surmonter les difficultés extérieures, se constituent un bouclier qu'il nomme *faux-self*. Il est là pour protéger le *vrai-self*, réceptacle de son individualité, sans pour autant le laisser s'exprimer. Ces situations de harcèlement empêchent et stoppent l'expression de toute l'originalité et par extension de la personnalité de l'enfant. Par là, nous entendons que ces enfants s'empêchent d'être eux-mêmes puisqu'ils sont dépendants de cet autre qui les malmène. Cela peut se traduire par des signes de désinvestissement : activité extrascolaire moins investie, humeur plus maussade par exemple. Il s'agit donc d'accompagner l'expression du *vrai-self* de ces enfants, la vie à l'école ayant toute sa place dans la structuration et l'expression de la personnalité.

À travers ces facteurs de vulnérabilité, il y a donc à travailler autour d'une réflexivité[1] de l'enfant à se connaître et à se savoir suffisamment bien entouré et aimé pour *se permettre* de dire non, de refuser, de s'individualiser. C'est là toute la force d'une bonne alliance entre l'environnement familial et l'environnement scolaire.

Bibliographie

CHAGNON J. Y. (dir.), *Le décrochage scolaire, approche clinique et psychopathologique*, Paris, In press, coll. « Clinique des apprentissages », 2017.

GOLSE B. (dir.), *Le développement affectif et cognitif de l'enfant* (5e éd.), Issy-les-Moulineaux, France, Elsevier Masson, 2015.

WINNICOTT D., *De la pédiatrie à la psychanalyse* (2e éd.), Paris, Payot, coll. « Sciences de l'homme », 1989.

---

1. Propre à la réflexion, à la manière dont l'individu à conscience de lui-même et de sa pensée.

Témoignage 10 : Delphine, 19 ans

Comment l'école peut-elle devenir un enfer ?

Mes années de primaire se sont passées, ni vraiment bien ni vraiment mal, tout dépendait des années, quelques fois c'était un peu difficile mais toujours vu (par les adultes) comme « des chamailleries de gosses », alors j'ai fini par le croire, aujourd'hui je me demande si c'était vraiment ça. Puis il y a eu les maîtresses (2) qui étaient violentes, que ça soit en paroles ou en gestes. Pour la première maîtresse j'étais en CE2, je ne me souviens pas de tout, beaucoup de choses sont encore très floues, les quelques souvenirs que j'en garde sont des phrases du style « tu n'es bonne à rien, tu ne feras rien de ta vie », « mais qu'est-ce qu'il pue et qu'il est débile celui-là » (parlant d'un ami à moi). Pour la seconde j'étais en CM2, j'ai beaucoup plus de souvenirs, cette maîtresse avait pour habitude de rabaisser ses élèves, mais aussi de les maltraiter physiquement. J'ai à plusieurs reprises vu des camarades attachés avec des cordes à leur chaise, laissés durant des heures dans un placard ou sous un évier, il est même arrivé que des élèves prennent des coups de dictionnaire. Elle avait pour habitude de nous traiter de « bons à rien », de nous laisser des heures en maternelle en nous disant que de toute façon même des maternelles étaient plus intelligents que nous et qu'elle nous mettait là juste parce qu'elle ne pouvait pas nous mettre en crèche… Mais les années de primaire n'étaient rien face à ce qui m'attendait au collège. Je n'étais pourtant pas une enfant totalement insouciante, en tout cas je ne pensais pas l'être, mais je n'étais pas préparée à tant de violences et de méchancetés gratuites. Je ne pouvais simplement pas imaginer ce à quoi j'allais être confrontée.

Le collège c'est un changement, une étape importante dans la vie d'un enfant, c'est le premier moment des changements. Certains l'attendent avec impatience, d'autres le redoutent... Moi, avec mon envie de grandir je l'attendais avec impatience. Si j'avais su...

Je venais d'une petite école qui avait ouvert l'année de mon CM1, elle avait pour but de réduire les effectifs de mon ancienne école et de fermer les trop petites écoles des alentours. À la rentrée de sixième, je me suis retrouvée avec seulement 6 autres élèves de mon école. 2, dont un avec qui je ne m'entendais pas dans ma classe et les 4 autres, dont 3 « amis » à moi dans l'autre classe. À l'époque j'étais déjà très sensible, et en voyant que je ne connaissais que deux personnes et que je n'en appréciais qu'une seule, je me suis mise à pleurer. Sachant cela, ma mère a réussi à me faire changer de classe pour que j'aille rejoindre mes « amis », tout cela déguisé sous le prétexte du nombre d'élèves par classe. À partir de là, tout aurait dû bien se passer mais non, j'étais trop différente à leurs yeux, même pour mes « amis » j'étais devenue la bête qu'il fallait traquer. Ma « meilleure amie » de l'époque s'était mise à traîner avec une autre fille et ne voulait plus me voir, un jour à la cantine quand j'ai voulu me mettre à la même table qu'elle, elle m'a répondu « c'est pris, là y'a... et là c'est Fantômas et Fantômette ». Les garçons s'étaient trouvé d'autres garçons avec qui traîner et les suivaient dans toutes circonstances. Pour l'autre fille, je ne servais que de bouche-trou qu'on peut utiliser pour à peu près tout. Alors bien sûr il restait les autres, mais j'étais trop timide pour aller vers eux et de plus les groupes étaient déjà formés, seul deux amis de ma première école primaire traînaient avec moi et un autre est toujours resté gentil, même si l'on n'était pas plus proches que ça. Deux amis, c'est vrai que c'est pas si mal, mais deux amis quand une cinquantaine d'élèves vous font vivre l'enfer c'est peu, surtout quand ces cinquante élèves entraînent les autres niveaux avec eux. Le fait d'être un peu ronde, timide, un peu garçon manqué, de ne pas m'occuper du superficiel et d'avoir de bons résultats, à leurs yeux, avait fait de moi un monstre. Je n'étais plus une humaine, j'étais devenue leur jouet, ils faisaient de moi ce qu'ils voulaient. Le plus souvent c'était des insultes ou des surnoms, « t'es grosse », « tu roules bouboule », « l'intello », « la chouchoute », « la moche » et autres. Cependant, les choses ne s'arrêtaient pas là, d'autres fois ça allait beaucoup plus loin. Les filles s'amusaient à m'espionner dans les toilettes du gymnase. J'étais souvent prise dans des bousculades intentionnelles et balancée contre les murs. Ils se servaient de moi autant que possible pour se faire prêter du matériel, rattraper les cours et également pour obtenir un maximum de choses (j'étais déléguée de classe cette année-là), et même lors d'un voyage se faire « prêter » des sous (dont j'attends encore le remboursement pour certains). Cette année-là, les seules chances que j'ai eues ont été d'avoir une prof de français extraordinaire et sur qui j'ai pu compter, même si elle n'a jamais réussi à mettre fin à ces situations ; et un élève de troisième très populaire qui prenait ma défense dès que possible et qui à défaut de les arrêter totalement me permettait quelques jours de répit, au moins durant les récréations. Un jour, il avait attrapé une fille et lui avait dit : « Delphine elle est comme tout le monde, elle a deux yeux, deux oreilles, un nez et une bouche, la prochaine fois que tu t'en prends à elle je t'explose. » Ni la fille en question ni sa sœur n'ont osé m'approcher pendant trois semaines. Quand j'ai fini l'année de sixième, j'étais déjà bien abîmée par ce que j'avais vécu.

À la rentrée en cinquième, j'étais beaucoup moins enthousiaste que pour la sixième, j'appréhendais énormément. Le collège étant petit (deux classes par niveau), je me suis retrouvée avec des élèves que je connaissais déjà (ceux qui étaient dans ma classe mais aussi les autres), cependant j'avais été séparée de mes deux seuls amis, du coup je me suis retrouvée seule en classe (j'étais toujours avec eux et deux autres à la récré). En classe les choses ont empiré, je recevais des boulettes de papier, on cognait fort dans ma chaise, les insultes et moqueries se disaient à voix haute dans la classe et je devais toujours prêter plus de choses et quand je refusais, c'était encore plus violent (ça pouvait allait jusqu'aux menaces : « Si tu ne me donnes pas un mouchoir, tu verras dans le couloir », « si tu me prêtes pas un stylo je dis au prof que j'ai pas le mien car tu me l'as pris... »). Cette année-là ils sont allés jusqu'à me voler mon goûter prévu pour après le sport en allant fouiller dans mon sac. Un élève m'a même coincée contre un mur pour m'embrasser de force, j'ai pu lui échapper de justesse. De plus cette année-là notre prof principal était extrêmement violent, « vous êtes tous nuls, vous finirez tous au chômage », « je vais vous couper les têtes pour en faire une haie d'honneur devant ma classe », « vous coulez, on vous prend la main vous la rejetez, j'ai jamais vu des élèves aussi cons que vous »... Cette année-là, je suis partie en Allemagne chez une correspondante, les élèves français avaient même réussi à faire en sorte que les élèves allemands m'insultent et me menacent, « dégage grosse vache sinon je te pète la gueule » (d'après la traduction qu'on m'a donnée). À la fin du voyage, j'ai appris que ma correspondante refusait de venir, j'ai cependant participé à la venue des Allemands. J'ai eu des soucis le dernier jour en France avec des Allemands, c'est à ce moment-là que j'ai réalisé que mon frère allait me rejoindre au collège l'année d'après et que si je laissais les choses comme ça, il vivrait la même chose que moi. J'ai donc décidé de taper, la CPE ayant compris le souci a décidé de punir l'élève et non pas moi, cependant la prof m'a punie en m'interdisant de soirée de départ et avec des paroles plutôt violentes ; j'ai donc décidé que je ne me défendrais plus ; de toute façon les élèves s'en fichaient et n'avaient aucunement peur. J'étais déjà fragilisée, mais cela n'a fait qu'empirer les choses.

Pour ma rentrée en quatrième, mon frère est rentré en sixième, ce qui me rassurait et m'inquiétait à la fois. Le début d'année s'est relativement mieux passé et pour cause, un autre élève avait pris ma place pendant les récréations ; je m'en veux encore d'avoir pensé ça mais j'étais juste heureuse d'être tranquille (sauf en cours), malheureusement il est parti au bout de quelques semaines de cours, laissant aux autres la possibilité de s'en reprendre à moi, même pendant les récréations, chose qu'ils ont d'ailleurs faite assez rapidement. Ce fut un vrai coup dur pour moi, qui commençais à avoir un minimum de répit. Mon frère, lui, s'en sortait plutôt bien jusqu'en janvier, jour où un élève l'a traité de « fils de pute ». Voulant à tout prix protéger mon frère, je suis allée pour cogner, résultat je me suis retrouvée avec le nez cassé, à partir de là mon frère a été tranquille pour le reste de la sixième et sa cinquième (il a ensuite eu d'autres soucis qu'il a réglés par lui-même ou avec l'aide de ma mère). Le reste du temps, la quatrième fut plutôt identique aux autres années : une constante augmentation de violence. J'ai eu le droit au scotch dans les cheveux, et de plus en plus de violence dans les paroles. Je pensais que je ne pouvais pas être plus détruite qu'après cette année-là, et pourtant l'année d'après a été bien pire.

Je pensais déjà être au fond du trou, pourtant la pire année de toute ma scolarité m'attendait. J'ai commencé ma troisième avec beaucoup d'angoisses, persuadée que les choses ne changeraient pas, je savais que j'entamais ma quatrième année d'enfer, mais je m'accrochais à cette phrase, « encore un an et tout sera fini, tu verras au lycée ça ira mieux ». Mais j'étais loin d'imaginer ce qui se passerait, pour moi j'avais vu la totalité de leurs horreurs et pire que ça, ça ne pouvait pas être. Grossière erreur. Pour eux, ça ne pouvait pas s'arrêter là, ils n'avaient plus qu'une année pour me détruire et ils allaient donner le maximum pour cela. De plus, c'était sans compter certains profs (particulièrement une) qui allaient les aider. Heureusement pour moi, je me suis retrouvée en classe avec un de mes deux amis du même niveau que moi et son AVS, qui a tout fait pour que cet enfer soit moins insupportable. Cette année-là, j'ai vu le côté sombre de l'être humain, le côté le plus sombre et le plus destructeur. C'est aussi cette année que j'ai commencé à être vraiment « malade » (quelques signes avant mais toujours supportables jusqu'à ce moment-là) : je ne pouvais pas dormir si je savais que je devais rester une heure en étude le lendemain, j'avais de forts tremblements certains jours, si j'étais angoissée j'essayais par tous les moyens de convaincre ma mère que je ne pouvais pas aller en cours (j'en étais incapable), à l'époque je ne savais pas ce que j'avais, mais je savais que ce n'était plus tenable alors j'évitais au maximum le collège, qui était devenu le pire enfer qui puisse exister. Parce que j'avais refusé de donner un mouchoir, je me suis fait insulter et taper en plein milieu de la classe, la prof ayant vu cette scène a demandé ce qui s'était passé, « c'est Delphine, on a besoin d'un mouchoir et elle veut pas nous le donner » ; aux coups et aux insultes se sont ajoutés les reproches et les menaces de la prof : « Delphine, après ne va pas te plaindre qu'on s'en prenne à toi ; fais des efforts aussi, tu vois pas que tout ça c'est de ta faute ; donne-leur le mouchoir sinon c'est moi qui m'en occupe... » Dépitée, j'ai donné le mouchoir et j'ai pleuré seule dans mon coin. C'est à la fin de ce cours que j'ai commencé à réellement me détruire moi-même, donner des coups de poing au mur ne suffisait pas à me calmer, j'ai littéralement essayé de m'exploser la tête dans le mur, c'est l'AVS de mon ami (qui n'était pas là durant le cours d'avant) qui m'a arrêtée avant qu'il y ait trop de dégâts, à plusieurs reprises (particulièrement après ces cours-là), elle m'a arrêtée avant que les choses ne dérapent. Cette même année, je me suis retrouvée encerclée par plusieurs personnes (de cinq à une trentaine en fonction des moments). La fois où ils étaient une trentaine, j'ai cru que ma vie était finie, je sortais de cours (pour éviter toute bousculade j'étais la dernière à sortir), ils m'ont coincée entre eux et le mur et m'accusant de choses que je n'avais pas faites, j'ai tapé dans la porte, la prof n'est pas sortie, quand ils ont commencé à se resserrer sur moi, j'ai réussi à trouver un espace pour m'enfuir, sans cela je ne sais pas ce qui aurait pu m'arriver. D'autres fois dans la cour ils venaient, moins nombreux, m'encerclaient, me tapaient et repartaient comme si tout était normal. Le sport me rendait tellement malade à cause des insultes, des coups… Je me blessais exprès avant le sport pour ne pas y aller. De temps en temps, quand ça allait trop loin j'arrivais à avoir plusieurs semaines d'arrêt par le médecin. Mais c'est cette année-là que l'on a commencé à parler du harcèlement scolaire (après de nombreux drames il était temps), un mercredi après-midi, après avoir vécu un certain nombre d'horreurs le matin même, j'ai vu une émission sur le harcèlement scolaire, c'est là que j'ai compris, c'est là que j'ai réellement pu mettre un nom et dire « c'est ça, oui c'est ça que je vis, mais alors je suis pas seule, on est beaucoup », et j'ai commencé à comprendre que ce qui se passait n'était pas ma faute (chose que je pensais depuis le début de la sixième). Cette émission a été comme une bouffée d'oxygène, mais ne m'a pourtant pas permis de sortir de cet enfer. Dès le lendemain l'horreur recommençait et le peu de moi qui avait été reconstruit la veille a été à nouveau détruit.

À la fin de cette année, je n'avais plus rien d'une humaine, j'étais un zombie, un robot en pièces détachées, un tas de poussière. J'ai passé des vacances difficiles ponctuées de crises de larmes plusieurs fois par jour. Pourtant j'avais espoir, le lycée c'était une nouvelle vie qui s'offrait à moi, c'était la bouée de sauvetage à laquelle je m'accrochais, le changement qui devait me sortir de l'enfer.

Erreur fatale. Déjà à l'inscription j'ai dû être inscrite à la cantine (pas de possibilité au ticket), ce qui s'est fini en pleurs, mais j'espérais que les choses iraient mieux comme on me l'avait dit. À la rentrée le coup fatal m'a achevée, les messages passant tellement bien je me suis retrouvée séparée de mes deux amis du collège et mise dans la même classe que les meneurs du harcèlement. Les choses ont rapidement repris leur cours, en classe, dans les couloirs et à la cantine il y avait les insultes et les menaces et dans les couloirs et à la cantine les coups. Pourtant, j'avais une petite bande dont deux étaient dans ma classe, alors je tenais, j'étais avec eux à la récréation et j'arrivais à être un minimum heureuse et à aller au lycée, même si ça me rendait malade. Jusqu'au jour où l'une des filles de ma classe était dans la cour avec moi pour une heure d'étude (j'avais été avec elle pour lui faire plaisir alors que je voulais sortir du lycée tellement j'en étais malade d'y être), et là elle s'est mise avec les autres à renverser mes affaires, m'asperger de déodorant et à mettre mon sac dans la poubelle. Ce jour-là j'ai perdu la totalité de la bande, les autres étant restés avec l'autre fille de ma classe (qui était celle qui nous avait fait rentrer dans la bande), qui, elle, a préféré rester avec celle qui s'était mise contre moi. À partir de là, l'enfer a repris le dessus sur moi, je ne parlais plus à personne et les autres ne me parlaient que pour me demander de prêter ou donner des choses ou m'insulter. Je me souviens d'un violent débat en cours d'allemand sur le fait de rentrer dans le moule, durant lequel plusieurs élèves avaient dit des choses du genre « ceux qui ne rentrent pas dans le moule on les détruit et c'est normal », « si on veut être accepté on devient comme les autres et c'est tout », « si on est différent on accepte et on se tait »... tout en me regardant. Au cours de ce débat, la prof nous avait expliqué la situation de son fils, qui était mis à l'écart parce que eux, parents, refusaient qu'il ait une console de jeux ; en fin de cours j'étais allée parler à la prof pour lui dire qu'il fallait qu'il l'ait, que bien sûr c'était à elle de décider mais que sinon ils détruiraient son fils jusqu'au bout et qu'il risquait de lui en vouloir ; bien sûr la console ne changerait peut-être pas les choses, mais au moins elle ne s'en voudrait pas et son fils ne lui en voudrait pas non plus. J'ai su qu'il avait eu sa console, mais je n'ai pas eu plus de nouvelles de lui et pour cause : étant à bout, sur les conseils de plusieurs personnes j'ai donc arrêté le lycée et je suis passée au CNED. Ce sont ces personnes qui avaient vécu la même chose que moi qui m'ont permis de m'en sortir en partant de cet enfer. J'ai donc, grâce à elles, arrêté le lycée après les vacances de Noël et j'ai commencé les cours par le CNED après Pâques. J'aurais dû rester au lycée plus longtemps pour attendre d'avoir le CNED, mais les profs s'étant eux aussi mis contre moi (phrases du type « si t'étais ma fille je te laisserais au lycée même si tu devais en crever »), j'ai donc arrêté après juste quelques jours après Noël.

J'ai mis plusieurs années pour me reconstruire, j'ai recommencé le lycée après un an et demi de déscolarisation à cause d'échec du CNED (redoublement de ma première) mais avec un PAI, aujourd'hui j'ai eu le bac mais je ne suis cependant pas totalement remise, je sais que le chemin restera long pour réussir à m'en sortir.

Témoignage 11 – Anonyme – 24 ans

J'ai vécu dans ma région de naissance seulement cinq années avant que ma mère, ayant retrouvé l'amour avec une personne moins toxique que mon père, ne nous fasse changer de département. Adieu grand-mère, adieu demi-frère que j'aimais tellement, je me retrouve dans une ville un peu plus grande, avec bien moins de verdure, adieu montagnes et air pur.

Quelques jours avant la rentrée, mes parents m'amènent devant ma future école. Jusqu'ici, j'ai toujours adoré l'école. J'ai terminé ma maternelle avec une certaine avance sur mes camarades : je sais lire, je sais écrire de longues phrases, j'ai des bases en orthographe sans vraiment les avoir apprises, on me promet un bel avenir scolaire et je crève d'envie d'apprendre davantage. L'école primaire sonne comme un nouveau défi et l'espoir que peut-être je m'ennuierai moins. L'école a l'air jolie d'après mes yeux d'enfant. On est samedi, lundi ma nouvelle vie commence vraiment.

J'ai une maladie de peau (la peau qui pèle en permanence, ichtyose vulgaire pour les intimes), j'ai un asthme assez lourd et quelques kilos en trop pour mon jeune âge, mais à ce moment-là je n'en ai même pas vraiment conscience. Je me fiche bien de ce à quoi je peux ressembler, tout ce qui compte pour moi c'est d'être gentille, d'apprendre plein de nouvelles choses et de me faire des amis, comme ce fut le cas dans ma précédente école.

La déception est rapide. Mon apparence joue contre moi. Je peux difficilement courir dans la cour avec les autres à cause de ma maladie, même en prenant ma Ventoline. Je suis une des seules nouvelles arrivantes, tandis que les autres se connaissent depuis la maternelle, que je commence déjà à regretter. Je suis une grande sensible, je commence donc à pleurer de plus en plus souvent. Je ne comprends pas pourquoi certains enfants manquent de respect à la maîtresse, ou bien disent des gros mots. Je n'ai jamais été attirée par la désobéissance, je n'en ai jamais vu le moindre intérêt. De plus, il semblerait qu'un arrière-goût de « racisme » (ou « régionalisme » ?) et d'humour gras plane du côté des parents à l'égard des personnes qui viennent de la campagne et qui ne sont par conséquent pas comme tout le monde. Virus de toute évidence transmis des parents à leurs enfants.

En parlant de virus, dans ma classe, c'est moi. Mes camarades, qui me parlent de moins en moins à part pour se moquer de moi, le « lézard » à cause de ma maladie de peau, ont inventé un nouveau jeu : si l'un d'entre eux est en contact avec moi, souvent volontairement parce que c'est dégoûtant mais si drôle, il a attrapé le virus. Ils se le transmettent durant plusieurs minutes, souvent pendant qu'on est en train de se ranger en exprimant des « ehhhh » de dégoût jusqu'à ce que la maîtresse nous demande de la suivre. Le jeu continue dans les escaliers et je reste là, derrière, retenant mes larmes, la seule qui n'a personne à qui donner la main parce que notre nombre d'élèves est impair et qu'évidemment, je suis bien la dernière personne à qui on voudrait donner la main. Enfin, si je suis encore considérée comme une personne. Je me pose de plus en plus souvent la question. Ont-ils encore conscience que je suis un être humain et que mes pleurs ne sont en rien de la fiction ?

Je suis désormais la dernière que l'on choisit en sport – ou plutôt que l'on ne choisit pas, on me place simplement au sein de l'équipe où il y a le moins de monde sous les « oh non pas elle » de déception. On doit m'imposer à une équipe. Je suis un poids.

À la récréation, parfois, certains camarades prennent pitié de moi et daignent me faire jouer avec eux. Je dois me contenter de ce peu d'attention qu'ils daignent bien me donner tout en sachant que d'ici une ou deux récréations, ce « beau geste » ne sera pas renouvelé.

La plupart du temps, je reste seule... Ou plutôt, j'aimerais être seule. C'est sans compter sur les groupes tantôt de filles, tantôt de garçons qui se donnent le mot pour se moquer de moi. « Moche », « Grosse », « Lézard » étant leurs expressions préférées. Je me mets à pleurer. Ils rigolent en me traitant de grosse pleurnicharde. Je suis vue comme quelqu'un de faible. Je me demande vraiment si nous appartenons à la même espèce, eux et moi, car je ne me suis jamais moquée de qui que ce soit. Comme pour les bêtises, je n'en ai jamais vu l'intérêt. Je me reconnais davantage dans les adultes, tout en sachant que je n'en suis pas une et qu'ils ne me prennent pas au sérieux de toute façon. Mais j'aime discuter avec eux : tant de choses qu'ils savent, que je ne sais pas et que je veux savoir... Je veux TOUT savoir.

Mais ne suis jamais sûre de ce que je sais. Alors je vérifie autant que je peux. En classe, je lève la main régulièrement afin de me le prouver. Je sais que mes camarades n'aiment pas ça chez moi et au bout d'un moment, même la maîtresse finit par soupirer. À la maison, mes parents usent de leur bonne volonté jusqu'à ce que ma série de « Pourquoi » les lasse, eux aussi. Finalement, je n'ai de place nulle part : ni parmi les enfants, ni parmi les adultes. Nulle part. Comme si je venais d'un autre monde et que personne ne serait jamais à même de me comprendre. À partir de ce constat que l'on s'évertue quotidiennement à me rappeler, je finis par pleurer tous les soirs. Mon écriture est exécrable à l'aube des vacances. Elle redevient claire les premiers jours pour redevenir brouillonne peu de temps après selon mes standards. Je n'aime plus l'école.

CE1. Durant les vacances, j'ai lu des livres super : Harry Potter. *Je me reconnais d'emblée dans le personnage d'Hermione Granger. J'ai la même couleur de cheveux, les mêmes manies en classe et beaucoup de monde la déteste. Il y a toutefois une différence : elle, elle finit par avoir des amis. Moi, c'est à peine si je connais le concept. Ce sont plutôt les dessins animés que je regarde le matin et mes lectures qui me donnent une certaine vision de ce à quoi l'amitié peut bien ressembler. Ça a l'air bien. Mais je ne suis qu'émerveillement face à cette image qui traverse la vitrine. Seulement je n'ai pas les moyens de me l'offrir : je ne suis pas assez drôle, pas assez gentille, pas assez jolie, pas assez bien pour qui que ce soit. Je culpabilise tellement de ne pas être normale !*

Au niveau de mes notes, elles restent très bonnes mais je ne suis plus en avance. Je lève un peu moins la main lorsque je vois les regards désapprobateurs de mes camarades. Je commence à me demander si ce n'est pas la vraie raison pour laquelle ils me détestent : parce que je lève la main ?

Mes problèmes à l'école, mes parents les connaissent. Je ne leur ai jamais rien caché. Ils ont bien essayé de faire remonter tout cela à la direction, à mon ancienne maîtresse ainsi qu'à la nouvelle, mais tous certifient n'avoir jamais rien remarqué de particulier. Mes parents me conseillent alors d'aller les voir systématiquement dès que l'on m'embête. Trop souvent à leur goût de toute évidence, puisqu'on me dit que j'exagère, comme si rien de ce que je disais n'était vrai. Comme si, en un sens, moi, j'étais fausse.

Je ne supporte pas qu'on remette en question jusqu'à la véracité de ce que je vis ! Pire encore, je me sens accusée de faire quelque chose de mal. C'est mal de dire aux adultes ce qu'il se passe ? Apparemment, oui : les maîtresses semblent être de cet avis, de même que mes camarades à qui il arrive de me traiter de « balance ». Alors je me force à ne plus en parler pendant un certain temps sauf à la maison, mais même là j'ai l'impression de faire quelque chose de mal : parfois mes parents soupirent ou me somment d'arrêter de pleurer, parce qu'ils ne le supportent plus et je le prends pour moi. C'est MOI, le problème. C'est moi qui en fais trop, moi qui exagère, moi qui amplifie, moi qui suis « trop sensible ». J'ai entendu cette expression tant de fois qu'à mes yeux, être trop sensible est presque aussi mal que de frapper quelqu'un.

Des coups, il m'arrive d'en recevoir. C'est rare mais ça arrive. Les garçons surtout. Un garçon en particulier. J'essaie d'alerter ma maîtresse mais le temps qu'elle arrive, le garçon a rejoint ses copains et c'est comme si rien ne s'était passé. La maîtresse ne me gronde pas mais se contente de me dire en soupirant : « Bah tu vois, c'est fini maintenant ! » L'acte est terminé alors je devrais être soulagée, mais je ne le suis pas : le garçon ne sera jamais puni, alors il recommencera. Et il recommence quelques jours ou semaines plus tard.

Je veux des amis. Absolument. Je ne vois donc pas le mal lorsque ce même garçon me demande au mois d'avril, juste après le repas à la cantine de relever ma jupe pour lui montrer « comment c'est en dessous quand on est une fille ». Il se cache avec moi dans les toilettes et me demande de le faire. Au moment où je m'exécute, il ouvre la porte que je croyais fermée et tous mes camarades sont là. Ils ouvrent la bouche bien grand ou rient comme des fous et moi, je ne comprends pas ce que j'ai pu faire de mal qui puisse provoquer une telle hilarité. Une des animatrices me prend à part, alertée par toute cette agitation et me demande pourquoi j'ai fait une chose pareille. Quelle chose ? Ce n'est qu'un corps. Le garçon était curieux et je connais ce sentiment. J'ai juste voulu lui apporter une réponse. Je voulais qu'il devienne mon ami car vu mon état, j'aurais pris n'importe quelle candidature qui s'offrait à moi.

Mes parents sont alertés. Ils ont l'air confus, eux aussi. Apparemment, j'ai vraiment fait quelque chose de mal. Ils me demandent pourquoi j'ai fait ça et, honteuse de leur avouer qu'au fond ce n'était que pour satisfaire la curiosité d'un camarade, je préfère leur dire qu'il m'avait promis un gâteau et un paquet de bonbons en échange de mon geste. À l'époque, je n'ai aucune idée de ce que mes paroles peuvent signifier aux yeux d'un adulte. J'ai dit la même chose à l'animatrice, qui l'a ensuite dit à la maîtresse. Ça me semblait être une bonne excuse.

À la maison, il m'arrive de m'ennuyer. Alors je prends du temps toute seule en m'imaginant attachée et en me touchant. C'est très dur pour moi, là tout de suite d'avouer cela mais la moi âgée de 7 ans n'y voit pas le mal. Je fais ça depuis aussi longtemps que je m'en souvienne. Mes parents le savent et ne m'ont jamais dit d'arrêter: ils m'ont simplement dit que mon corps n'appartenait qu'à moi et que ces moments de manière générale n'appartenaient qu'à moi. Je pouvais donc continuer à le faire mais lorsque j'étais dans ma chambre, toute seule. J'ai donc pris le réflexe de le faire dès que je m'ennuyais un peu trop et que je n'avais plus d'idée à transcrire sur le papier. Je ne voyais donc aucun mal là-dedans.

Je finis par le voir le jour où, toujours en CE1 alors que je suis en classe verte et que je me retrouve seule dans la chambre que je partage avec quelques camarades qui sont tous partis jouer dehors, je fais ce que j'ai l'habitude de faire dans ces cas-là. La maîtresse entre, probablement pour vérifier que personne ne soit plus dans la chambre et tombe sur moi. Il ne lui faut pas longtemps pour qu'elle comprenne ce que je suis en train de faire. Je vois l'expression choquée sur son visage sans comprendre et mon cœur se met à battre très fort dans ma poitrine. À notre retour, la maîtresse demande à rencontrer mes parents. À la maison, je me fais gronder: « On t'avait dit de ne le faire que lorsque tu es toute seule ! À quoi tu pensais ?! » Mais j'étais bien seule *avant que la maîtresse ne rentre par surprise. Je l'étais ! Mais ils ne veulent pas l'entendre et je ne comprends pas pourquoi. Plus grande, j'apprends qu'en fait, depuis cet incident et celui du mois précédent, mon beau-père s'est fait accuser d'attouchements par l'école.*

Cela n'est jamais remonté jusqu'à la justice car à l'époque ma mère a rétorqué : « Il n'a jamais rien fait. Alors du coup je me demande si ce ne serait pas quelqu'un de l'école qui lui aurait fait quelque chose ? » Vous pensez bien que suite à cela, l'école n'a plus bougé une oreille.

[Je tiens à le préciser : mon beau-père ne m'a effectivement jamais touchée. Toutefois, désormais adulte et suivant une psychothérapie, des souvenirs commencent à remonter. Les faits remontent bien avant ma rencontre avec lui. Il m'a toujours aimée du mieux qu'il a pu et jamais de manière malsaine. En revanche, je peux aujourd'hui affirmer qu'il y a bien un homme qui m'a un jour touchée de façon inappropriée. Mais que j'étais bien trop petite à l'époque pour me souvenir quel était son visage, son nom ni même ce qu'il s'est passé exactement. Je me rappelle juste que c'était à l'époque où je vivais encore dans ma ville natale, au moment où j'étais choriste. Je sais juste que ça s'est passé et je me sens encore sale à cause de cela.]

Suite à l'incident de la classe verte, il m'arrive désormais de voir du dégoût même dans les yeux des adultes de l'école. Je me dis que je dois être vraiment dégoûtante pour que tout le monde me regarde comme ça. Je ne suis que problèmes, de toute façon. Personne ne m'aime et je les comprends. Je ne suis qu'embarras. Je ne fais rien comme tout le monde. Je fais des mauvaises choses sans même me rendre compte qu'elles sont mauvaises et si on se moque de moi, tout le temps, comme ça, c'est bien que tout vient de MOI. Il doit bien y avoir une raison. ILS ONT RAISON.

J'entre au CE2. Comme chaque début d'année, j'ai l'espoir que mes camarades m'ont oubliée mais me torturer redevient une habitude dès les premiers jours. Je reste un virus, vous voyez ?

Je continue de pleurer tous les soirs mais maintenant, je me dis que je le mérite. Alors pourquoi me défendre ? Du coup, j'essaie de me réinventer afin de trouver grâce à leurs yeux : en sport, je me force à courir plus vite même si ça me fait mal aux poumons, je retarde le moment où je devrais prendre mon médicament. En classe, je lève de moins en moins la main et des fois, je fais tout pour ne même pas réfléchir. Mes notes baissent légèrement mais je reste une très bonne élève, ce qui renforce le maître/directeur de l'école dans l'idée que mes parents et moi-même avons dû largement exagérer ce qu'il m'était arrivé les années précédentes. Sur ce qu'il m'arrive toujours. On lui a appris que ce genre de harcèlement laissait presque toujours des traces sur les notes de l'élève, c'est une évidence. Alors dans mon cas, si les adultes ne réprimandent pour ainsi dire jamais mes camarades ou bien ferment les yeux, au fond ils ont certainement raison : rien de ce que je vis ne mérite qu'on s'y intéresse ou qu'on y mette un terme. Je mérite tout ce qui m'arrive, je ne suis pas intéressante.

Mes parents participent malgré eux à cette pensée qui m'habite. Je leur ai bien supplié de changer d'école mais rien à faire : à leurs yeux, ça ne changerait rien. Il y aurait aussi des enfants méchants avec moi où que j'aille parce que, peut-être, quelque part, c'était bien moi le problème. Si ça arrive tous les ans alors que ce n'est jamais exactement la même classe, c'est que je suis à l'origine de tout. C'est à moi de changer. « Ne leur donne pas la satisfaction de pleurer, me disent-ils. C'est exactement ce qu'ils veulent et toi, tu leur donnes… Essaie de ne pas pleurer. Retiens-toi. Fais comme si tout ce qu'ils te disaient ne te touchait pas. Souris même si tu peux. » Ajoutant même une fois : « Ça te renforcera le caractère. Après ça, tu pourras tout surmonter. » Très bien, je vais essayer. Je ne veux pas décevoir mes parents. Surtout pas. Sinon ils ne m'aimeront plus, sinon ils verront eux aussi à quel point je suis nulle, combien je ne mérite pas d'amour. Alors dès demain, j'essaye. Mes parents sont des adultes très intelligents, alors ils ont forcément raison. Il me suffit d'obéir et mes problèmes seront résolus.

Alors, j'essaye. Cette fois-là, un groupe de filles vient m'embêter, tirant sur mes vêtements pour me dire à quel point ils sont moches avant de s'essuyer les mains les unes sur les autres en exprimant là encore des bruits de dégoût – il ne faudrait pas attraper ma maladie, quelle horreur ce serait ! Et elles m'assaillent de questions auxquelles je n'ai pas de réponse : « Pourquoi tu es aussi moche ? Pourquoi tu es aussi nulle ? Pourquoi tu respires mal ? Pourquoi ta peau elle est comme ça ? », et je me retiens de pleurer. Je reste silencieuse, à un moment, je vais jusqu'à brûler le moindre muscle de ma bouche pour me forcer à sourire. Sauf que ça n'a pas, pas DU TOUT l'effet que j'attendais : ça les énerve. Beaucoup. Elles ont l'air furieuses. Elles veulent me taper, je le vois dans leurs yeux. Une d'entre elles me pousse contre la grille la plus proche. Ça fait très mal, mais j'essaie de ne pas pleurer. Une autre essaie de m'attraper les cheveux et je les maudis d'être aussi longs. Tiens bon. Elles vont s'arrêter. Elles vont s'arrêter. Elles me crient dessus : « MAIS POURQUOI TU NE RÉAGIS PAS ?! » Une autre me donne un coup dans le ventre. Tiens bon. Elles vont s'arrêter. Elles n'arrêtent pas. Elles me disent tellement d'horreurs que je n'entends plus rien d'autre. Mais elles parlent toutes en même temps, alors je suis presque soulagée de ne pas comprendre tout ce qu'elles disent. La cloche sonne. Elles grognent une dernière fois avant de partir se ranger. Moi, je reste pétrifiée contre la grille, sans comprendre : elles auraient dû arrêter. J'ai fait ce qu'on m'a dit. Ça aurait dû marcher. Finalement, le maître me rappelle à l'ordre parce que de toute évidence j'étais « trop dans mon monde pour entendre quand on m'appelle », et je suis ma classe en marchant comme un zombie.

Je n'ai pas réessayé.

Rien ne change et j'ai bientôt 9 ans. Je me réfugie comme je peux dans le dessin, l'écriture et les livres, mais je me sens morte à l'intérieur. Toutes mes journées se ressemblent et me confortent dans l'idée que je mérite bien ce qui m'arrive.

Maman est enceinte. Je vais avoir un petit frère. J'ai tellement hâte d'être grande sœur ! Peut-être qu'enfin, quelqu'un m'aimera sans conditions. J'aurai quelqu'un à protéger et à aimer qui ne me jugera pas.

Il naît en octobre, je suis en CM1. Je suis si contente que je veux le dire à tout le monde ! Mais il y a un élément que je ne sais pas : quelques semaines auparavant, une autre de mes camarades, une de celles qui m'embêtaient le moins a perdu sa maman. Alors elle décide de se venger sur moi. C'est facile : tout le monde le fait déjà. Elle finit par prendre la tête des filles qui m'opprimaient déjà et les brimades s'intensifient.

Toujours plus d'insultes, toujours plus de questions auxquelles je ne peux pas répondre mais je commence à grandir et mes lectures m'influencent un peu (là encore, merci Harry Potter*) : ce qui m'arrive ne devrait peut-être pas arriver. J'essaie de riposter tant bien que mal mais cette fille le prend très, très, très mal et un jour, elle me fait reculer, munie d'un compas et d'une bouteille d'eau qu'elle ouvre. L'eau coule sur le sol et elle me dit que bientôt, mon ventre sera dans le même état que cette bouteille d'eau. « Je vais te tuer, me dit-elle d'une voix froide. Bientôt tu seras morte. »*

Je m'effondre. Lorsque la sonnerie de fin de journée retentit, une petite heure plus tard, je ne demande pas mon reste et fonce dans les bras de ma mère pour tout lui raconter. Je suis terrifiée. Je ne veux plus jamais aller à l'école. Ma mère voit rouge et hurle sur tout le monde : les maîtres et maîtresses, le directeur, les parents de quelques-uns de mes camarades présents. Elle leur somme de faire quelque chose car cette fois c'est allé trop loin. On lui explique la situation de celle qui m'a menacée. Sa mère vient de mourir, elle est perturbée, elle ne sait plus ce qu'elle fait. On ne la gronde pas vraiment mais on promet de faire attention.

Ils font attention, c'est vrai. Une semaine, tout au plus. Et le harcèlement reprend.

J'ai ainsi passé toute mon école élémentaire à pleurer tous les jours, de plus en plus convaincue que je ne valais rien. Que je ne devrais pas exister. Les choses ne vont pas mieux lorsque j'entre au collège et on continue de trouver des excuses à ceux qui me suivent pendant toute la récré pour m'insulter : celle-ci a des problèmes familiaux, celui-là est hyperactif. Il n'y a donc pas de responsable.

Alors je me convaincs que c'est moi, la responsable, et je m'enfonce dans une profonde dépression qui atteint son paroxysme durant une nouvelle classe verte.

Je suis en cinquième et je veux encore une fois inventer une nouvelle version de moi-même qui pourrait plaire à tout le monde mais cette fois, je demande de l'aide à deux filles que je croyais être des amies car elles daignaient m'accorder un peu de temps. Mais tout ce qu'elles font finalement, c'est me critiquer en permanence et me poser des questions auxquelles je ne peux toujours pas répondre car il n'y a pas de réponse : « Pourquoi ta peau est comme ça ? Pourquoi tu t'habilles aussi mal ? Pourquoi tu ne peux pas être normale plus de cinq minutes ? » Alors je finis par leur dire que je laisse tomber. Elles font mine de l'accepter sans broncher mais s'éloignent de moi. Sauf ce fameux après-midi où je leur dis que moi, je ne suis pas claustrophobe. Elles en veulent la preuve. Aucun problème. Je leur dis qu'elles peuvent m'enfermer dans un casier de la chambre, dans le noir et que je pourrai facilement tenir 10 minutes. Je me mets dans le casier, elles ferment la porte. Elles restent quelque temps, tout a l'air de se passer comme je l'avais prévu… et puis elles partent. J'entends la porte se refermer derrière elles et moi, je suis toujours dans le placard. Et au fond, je m'attendais à un tel coup fourré alors je m'acclimate assez bien de la situation et je reste calme. Je ne sais pas combien de temps je reste enfermée là-dedans mais tout ce que je sais, c'est qu'elles finissent par revenir, ouvrir la porte en me demandant pourquoi je n'étais pas sortie. Comment ? Je finis par comprendre en voyant quelques secondes plus tard nos professeurs arriver. Elles s'étaient dépêchées d'arriver les premières pour ouvrir la porte afin qu'ils ne découvrent pas que j'étais enfermée. Au lieu de ça, selon elles je n'étais tout simplement pas sortie et j'avais décidé de rester là. Je me suis donc fait gronder.

Je n'ai donc pas voulu rester avec les autres le reste du temps. Lors de nos temps libres je restais dans la chambre et elles partaient. Et puis le jour précédant notre départ de la classe verte, je suis seule dans la chambre et je m'ennuie. Je fais donc ce que je fais toujours dans ces cas-là… et les filles reviennent. Elles comprennent ce que je faisais et expriment vigoureusement leur dégoût. J'ai un haut-le-cœur vertigineux et quelque chose en moi se brise. La fois de trop, dirons-nous. Je regarde la fenêtre de la chambre comme si je la voyais pour la première fois. Je ne veux plus qu'une chose : sauter. Je veux être libre, je veux que tout s'arrête, je ne veux plus vivre. De toute façon je ne le mérite pas. Je ne devrais pas exister. Je me précipite vers la fenêtre pour l'ouvrir et je hurle que je vais sauter. Les filles paniquent et courent hors de la chambre. Je croyais que c'était pour prévenir quelqu'un mais personne ne semble arriver, alors je me dis que j'ai tout le temps pour faire ce qui doit être fait et je passe mes deux jambes à travers la fenêtre, prête à sauter. Je me dis que ce sera mieux comme ça pour tout le monde, qu'au fond personne ne m'aime, pas même moi et que les gens ont raison sur mon compte : je suis nulle, je suis moche, je ne dis jamais rien comme il faut, je lève la main tout le temps, je suis exécrable, détestable, insupportable. Pas étonnant que je n'aie aucun ami et que je n'arrive pas à les garder ! Je déçois tout le monde, je lasse mes professeurs, mes parents ne savent pas quoi faire de moi ni comment faire pour que ça aille et tout est de ma faute. Je vais sauter… je dois sauter.

Mais avant, je me dis que je dois appeler ma grand-mère chez qui je passe tous mes étés depuis que j'ai déménagé et dont je suis particulièrement proche. Je veux lui dire que je l'aime et je veux qu'elle dise à mes parents et au reste de la famille que je les aime, que ce n'est pas de leur faute ce que je fais là et tout à coup, ça m'arrête : ma grand-mère m'aime vraiment, elle. Je ne peux pas faire ça. Mon petit frère aussi : il est petit, il a besoin de moi. Comment papa et maman pourront lui expliquer que je ne suis plus là, du jour au lendemain ? Et mes parents, d'ailleurs ? Au fond je sais qu'ils m'aiment aussi très fort. Comment pourront-ils surmonter ça ? Je n'ai pas le temps de laisser une note pour leur expliquer pourquoi, ils pourraient s'en vouloir toute leur vie…

Alors, en pleurs, je me force à repasser les deux jambes à l'intérieur. Je m'écroule sur le lit et je pleure comme jamais je n'ai pleuré. Les filles reviennent au bout d'un moment, me regardent avec incrédulité puis indifférence et m'annoncent qu'il faut aller dîner maintenant. J'essuie mes larmes et je m'exécute.

Le harcèlement ne s'est jamais vraiment arrêté et j'avais toujours des pensées suicidaires, mais sans trop savoir comment je savais que je n'irais jamais jusqu'au bout.

Au lycée, le harcèlement était nettement plus léger alors j'ai commencé à me dévoiler un peu tout en culpabilisant régulièrement de le faire. Mais je le faisais. J'étais toujours dépressive mais j'étais en vie. Et j'ai rencontré ma première véritable amie et ça me suffisait.

Aujourd'hui âgée de 24 ans, j'ai encore des séquelles : j'ai de lourds problèmes de confiance en moi, j'ai l'impression de n'avoir ma place nulle part, je ne comprends pas forcément mon cerveau, je culpabilise en permanence et j'ai totalement perdu le goût de travailler. J'ai eu ma licence sans avoir eu la force d'ouvrir un livre et du coup je n'ai pas l'impression de l'avoir méritée. Je voulais à l'origine devenir professeur des écoles, m'étant promis que dans l'école où je serais, impossible qu'un autre enfant puisse vivre la même chose que moi mais, finalement j'ai renoncé à cette idée à cause d'une très mauvaise expérience et aujourd'hui, je n'ai aucune idée de ce que je vais faire dans la vie.

Le harcèlement ne devrait pas être ignoré, ni excusé, ni même moqué. Je le sais aujourd'hui : j'étais une victime et enfants comme adultes m'ont bâillonnée. J'étais la fautive. Une partie de moi le pense encore.

Témoignage 12 – Melina – 34 ans

Quels types de harcèlement avez-vous subis (comment ça a commencé, exemples concrets, combien de temps ça a duré, etc.)

Le harcèlement a commencé doucement en primaire avec une fille qui pour je ne sais quelle raison me détestait et m'a fait perdre toute confiance en moi, en me disant que j'étais tellement moche que je n'aurais pas dû venir à la photo de classe car je l'avais gâchée (entre autres choses que je subissais au quotidien). Ensuite, en fin d'année de cinquième, une ancienne prof a décrété que j'étais trop jeune pour pouvoir passer en quatrième donc j'ai redoublé ma cinquième. J'ai atterri dans une classe où je connaissais deux personnes, j'ai réussi à me faire deux, trois amis, mais il y avait ces quatre filles dont je n'oublierai jamais les prénoms, qui ont commencé à faire du harcèlement, des insultes, me pousser dans les escaliers, chercher à faire des piques. Étant petite et à l'époque très fine, je n'osais pas vraiment me défendre car il y a eu déjà des incidents très graves dans le collège où j'étais suite à des personnes qui ont essayé de se défendre (hospitalisation, etc.), donc cela me faisait peur.

Cela a duré environ cinq, six mois, jusqu'au jour où mon grand frère m'a dit de me lever pour aller à l'école ; je l'ai regardé et j'ai fondu en larmes, et je lui ai dit que je n'avais plus envie d'y aller. Il n'a pas compris et là, j'ai craqué parce qu'il m'a posé mille et une questions et je lui ai dit tout simplement que je me faisais harceler tous les jours, que donc ces quatre filles me poussaient dans les escaliers, quand j'avais le courage de répondre elles étaient toutes les quatre autour de moi en me disant que ça y est je me sentais pousser des ailes, elles m'insultaient et me piquaient tous les jours avec autre chose comme sujet, sur mon physique surtout ; et sachant qu'elles avaient beaucoup d'amis, si nous n'étions pas d'accord avec leurs dires, ou alors si tout simplement nous voulions nous défendre, c'était à peu près 50 élèves qui venaient sur vous seules à la sortie du collège.

Un exemple : une fois la colère est montée en moi parce que pendant plus d'une heure en cours à m'insulter, à me jeter des bouts de papier et autres ; donc au bout d'un moment je leur ai dit « c'est bon vous me foutez la paix ». Donc une d'elles est venue derrière moi après le cours dans les escaliers à m'insulter et quand je lui ai dit « c'est bon tu fermes ta gueule, tu me laisses tranquille », elle m'a poussée dans le dos et j'ai failli tomber dans les escaliers, heureusement que j'ai pu me rattraper à la rambarde.

Quelles ont été les conséquences sur le court terme (au moment des faits) et sur le long terme (une fois que le harcèlement a cessé) ?

Les conséquences sur le court terme, c'est que bah je n'étais pas et je n'ai jamais été une excellente élève, mais l'envie de ne plus travailler, le fait d'avoir peur sans cesse de les voir même quand je sortais chez moi avec mes amis, alors qu'elles ne vivaient pas au même endroit que moi, me faisait peur, j'avais tout le temps l'impression qu'elles étaient là et qu'elles allaient de nouveau frapper. Le seul endroit où j'étais bien, c'était enfermée dans ma chambre à faire des dessins.

Une fois que le harcèlement a cessé, je suis devenue quelqu'un de très froid, qui ne fait plus confiance aux gens, qui démarre au quart de tour et qui ne supporte plus quand quelqu'un hausse le ton.

Comment avez-vous fait pour en sortir, pour vous reconstruire ?

Déjà j'ai remercié mon grand frère – je le fais souvent encore – d'avoir été aussi réactif car il m'a dit d'aller en cours, ce que j'ai fait avec la peur au ventre. Mais une ou deux heures après, cette jeune fille a été convoquée car c'était vraiment la meneuse, la pire, et ça s'est calmé très fortement. Il a attendu quelques jours avant de me dire que c'était lui qui était allé voir la principale, je crois qu'il m'a sauvée.

Et le temps a fait que j'ai pu m'en sortir. Aussi j'ai 35 ans maintenant, mais j'ai toujours cette colère contre elles. Quelques années après au lycée, j'avais la cousine d'une de mes harceleuses (la pire) en cours, mais elle n'était pas pareille, c'était vraiment quelqu'un de gentil. Je l'avais croisée au centre-ville, ma harceleuse était avec elle. Je salue ma camarade et Madame, avec une aisance vraiment inadéquate, lui a dit « elle, je lui ai fait la misère quand on était au collège ». Je me suis retournée et j'ai dit « là, ce sera plus la même », et j'ai continué mon chemin.

Mes débuts au lycée, j'avoue que c'était aussi un peu compliqué, car il y avait ses amies qui ont essayé de refaire le même schéma, sauf que là je m'étais dit stop, c'est terminé, quitte à me faire complètement laminer je ne fermerais plus la bouche et je ne me laisserais plus jamais faire, donc ça s'est très bien passé finalement, elles se sont rapidement calmées et au lycée, j'étais très, très bien entourée. Quand j'en parle encore maintenant, sur les sujets forcément de harcèlement, j'ai d'anciennes camarades de classe qui me disent qu'elles n'étaient pas au courant de la situation, alors que je me faisais insulter tous les jours devant tout le monde, qu'on me poussait dans les escaliers, qu'on me diminuait au possible.

Quand j'ai vu le clip d'Indochine, **Collège Boy**, *c'est exactement ça que je ressens finalement, « je ne vois rien, je n'entends rien, je ne dis rien ». Finalement, ça s'efface de leur mémoire, mais pas de celle du harcelé, même si je vais vraiment mieux, de l'eau a coulé sous les ponts et je ne croise plus personne, du moins mes harceleuses.*

Témoignage 13 – Camille, 23 ans

J'ai subi le harcèlement scolaire en primaire.

C'était des moqueries, des choses très blessantes du style « pouilleuse », « ah elle a la gale », etc.

Ou lorsque d'autres élèves passaient à côté de moi, ils me touchaient le bras en disant « vacciner ».

Mais j'ai eu beaucoup de chance, ma professeure de CE1 s'en est rendu compte et a agi.

L'année d'après, ma prof de CE2 m'a prise en grippe, en participant avec les élèves indirectement. Je me rappellerai toujours un jour de dictée où j'étais malade, que j'ai vomi en classe et pas eu le droit d'aller à l'infirmerie.

Mais le directeur s'est rendu compte de cette situation, et a agi.

Ce qui m'a permis de tenir, je pense, c'est l'innocence de ma jeunesse, mais surtout une capacité à voir toujours le positif, et aussi l'aide de ces deux adultes qui ont su repérer ces comportements, et agir.

À long terme, je me rends compte que je garde des blessures de ce passage de ma vie, j'ai toujours eu du mal à me faire des amis, été une personne très renfermée, toujours eu du mal à m'exprimer en public, même aller acheter du pain était très difficile pour moi, même à 16 ans.

Ce qui m'a permis d'évoluer, c'est une activité qui m'apporte beaucoup : l'équitation. Elle m'a permis de me libérer dans le silence, je me confiais aux chevaux, et prenais confiance en moi de jour en jour.

C'est pour cela que j'ai choisi d'en faire mon métier.

J'ai aussi remarqué que cette expérience me bloque dans l'avancement, de pouvoir avoir une relation amoureuse : à chaque fois que quelqu'un me témoigne son affection, je me renferme comme une huître et une petite voix me répète inlassablement « mais non ce n'est pas possible, comment une personne sensée peut aimer une personne comme toi ? ».

Voilà, c'est mon témoignage, je pleure en l'écrivant – comme quoi des mots prononcés à 8 ans, peuvent marquer encore quinze ans plus tard.

Achevé d'imprimer en février 2019
sur les presses de la Nouvelle Imprimerie Laballery
58500 Clamecy

Dépôt légal : mars 2019
Numéro d'impression : 902254

Imprimé en France

La Nouvelle Imprimerie Laballery est titulaire de la marque Imprim'Vert®